畫張圖想得更清楚

任何人都能學會的視覺筆記術

今天開始，做出讓自己
與別人都想看的筆記！

作者

盧慈偉

U0048596

畫圖不難，圖想無限

首先，我要先跟各位坦白一件事，那就是其實我不擅畫圖，這不是謙遜之詞，真的！我的畫圖能力很一般，我的素描作品很恐怖，於是我都使用「簡單的方法」來畫圖，因此這本書沒有複雜的技法，如果正在看書的你害怕自己不會畫畫怎麼辦？放心！這不構成視覺筆記的問題。

相較於畫圖，我更關心如何抓住事物的核心，喜歡隱喻與故事，我認為表達想法、釐清觀點才是視覺的價值，如何把想法畫出來、畫清楚，比畫的寫實、畫得可愛更加重要，本書就是要教你如何想透過畫圖來釐清想法，幫助記憶與思考。

「視覺筆記」，教我們關注人們如何看這個世界、如何進行思考、如何認知世界；同時可以幫我們啟發創意，將腦袋的想法表達出來，也就是「畫張圖，想得更清楚」！

視覺化技術已經成為熱門的議題，不僅在 TED 上有視覺記錄同步，越來越多企業也開始接受「圖像」這個視覺化技術，因為能有效幫助團隊思考、溝通與表達，現在的我就是位企業講師，在兩岸為許多企業教授視覺化技術，同時我也是視覺記錄師，受 TEDx 珠海邀請連續做了 9 位講者的視覺記錄。

我想將這樣的視覺技術分享給更多人，於是就有了這本書的誕生，這是本教你使用視覺技術來做筆記的書，這也是人人都能學會的視覺筆記技術，這本書將會告訴你：

畫圖不難：如何簡單畫出想法？
圖想無限：如何用圖像讓思考飛躍？

希望視覺技術幫助你生活與工作更加美好！

David 盧慈偉

學會做情感流動的筆記

視覺筆記，對於像我這樣一個心智圖資深使用者來說，第一眼看到最驚豔也最有觸動之處，是情感的流動。如果筆記做完之後，令人想一看再看，而且越看越有趣，看的時候彷彿重回現場，所有的畫面一一湧現，那就充分發揮筆記的價值了！我之前都做心智圖筆記，現在是心智圖筆記為主，視覺筆記為輔。

印象深刻的是，有一次看到 David（盧慈偉）畫了張「我跟女兒的早晨」視覺筆記，非常有感，我經常用心智圖做行程規劃這類的練習，因為脈絡清晰，清楚高效，對工作非常好用。但當我看到下面這張視覺筆記時，觸動我的是生動的畫面中，情感的流動，這是我做心智圖不曾感受到的。

人對於圖，有種天生的喜愛，一看就令人心情愉悅。心智圖可以做到很棒的思維釐清與補充，但在某些問題的呈現上，卻不如視覺來的直觀清楚。兩者相輔相成，似乎變得更好應用。

這本書有個很棒的地方，告訴我們視覺筆記是什麼？不是什麼？這回答了好多我這個外行人心中的疑惑，終於可以擺脫插圖跟視覺筆記傻傻分不清楚的困惑。書中還教了怎麼做視覺筆記？用在哪裡？還有大量的案例可以看跟學習。為自己的美好生活奮鬥的我們，都需要這一本好看又好用的書。

心智圖國際講師 陳資璧

原來我們都能畫出視覺筆記！

在某次演講中，慈偉剛好坐在我隔壁，演講中我突然驚訝的發現一件事，就是慈偉竟然是邊聽演講邊畫圖，演講結束剛好把圖畫完，我驚訝連連的讚嘆我「這到底是怎麼做到的啊？」慈偉說，這就是「視覺筆記。」

我心裡那時就在想，「這種神奇的視覺筆記可以快速學習嗎？」

直到慈偉邀請我為他的新書寫推薦序，我心裡仍然對「畫圖不是天賦嗎？真的可以學習嗎？」充滿疑惑，但是當我看完全文時，我的疑惑不見了，我突然發現，原來真的可以快速學習耶！

為了驗證這本書真的可以做到快速學習的效果，我嘗試依照這本新書的方法與步驟，以五分鐘的時間畫出了我的第一張「視覺筆記」新書的「視覺筆記」，當我畫完後連我都感到非常震驚，原來我也做得到！所以我絕對相信讀者在看完這本書之後也一定做得到！

用案例與步驟貫穿全書，以淺顯易懂的技巧輔助說明，這本書《視覺筆記》我讀完後令我印象最深刻的，就是讓讀者只要運用三步驟就可以學會視覺筆記；第一步讓你學會看見目標與全局，第二步只要用三個形狀就能畫出所有你要的圖像，第三步由外到內。而我畫的第一張「視覺筆記」正是這三個步驟。

未來當別人看到您也能快速畫出一幅「視覺筆記」，也一定會對您佩服不已，這本書就是您視覺筆記的必備寶典！

兩岸企業創新講師顧問、
《左思右想》作者 劉恭甫

目錄

Part 1

視覺筆記就是這樣
有趣又有用的筆記

> 視覺筆記把想像帶入你的思考，展開大
> 腦思緒的空間，幫你飛向高空，鳥瞰全
> 局，於是找出解決問題的關鍵！
>
> —— David 盧慈偉

什麼是視覺筆記？

左腦筆記，有了想法

照片裡這些筆記這是我讀研究所時期做的筆記，幾乎都是文字記錄，這樣的筆記使用「分段落」、「條列式」來整理重點，它只關注了左腦的邏輯思維，雖然記下想法了，但缺乏「整體性」、失去了「感覺」，這樣的筆記，效力只發揮不到一半啊！而且這樣的筆記事後閱讀時不容易理解，又無法延伸想像力。

右腦筆記，多了想像

現在我都使用這樣的視覺筆記，是不是有趣多了呢？

上課學到的重點內容以視覺化方式呈現，不只還是可以保有左腦思維的邏輯與重點，更帶給我們視野上的整體感，立刻就能看見全貌，而且更重要的是多了想像力！

例如讀者們閱讀下面這個廣告創意設計課的筆記（符敦國老師的12故事角色原型），都可以從圖解中延伸更多元的想像：「讓筆記使用的時候，想像出比我記錄的時候還要更多的內容」。

從想法延伸到想像

你喜歡做筆記嗎？
你做的筆記是什麼樣子的呢？
你的筆記幾乎都是文字嗎？
從小到大你的筆記都是這樣的嗎？
你做完的筆記自己喜歡看嗎？
看著自己做的筆記會有感覺嗎？
你的筆記可以延伸更多想像嗎？

做出讓自己「喜歡的」、「有感覺的」、「有想像力」的筆記，
就是這本書要教你的視覺化筆記術。

因為使用圖像記錄的方式，才能描繪那些文字難以形容的
「情感」，才能畫出那些文字無法展示的「看見」，把你的
思考脈絡，變成一張可以延伸出無限可能性的圖像。

就像當我把上面這樣的「視覺筆記重點」，畫成右邊這一頁
的這張圖時，你會怎麼想像這張圖的意涵？

或許你可以這樣想：

蜘蛛網代表原本思緒的糾結。
蜘蛛的橘色行走路線來表示「理出一條路」。
用吐絲往外飛行的蜘蛛，表示想出新內容。
而那一朵花代表無限美好的想像空間。

思維脈絡
想法
想像

看懂文字，看不懂意義

有句話說，每個中文字我都懂，但連成一句話我就不懂了。文字與詞語的組合，有時候對於失去語言情境的人來說，很難看懂背後的意涵。

我第一次發現中文字看了卻完全沒看懂是一趟旅行，2005 年我們全家趁年假休假時，去香港自由行 6 天 5 夜，這趟旅行從除夕前一天到年初四回台灣，這是我第一次去香港，在我腦袋中對香港的印象是非常繁華，很多好吃的食物，甜品尤其好吃，所以帶著滿滿期待的心，帶著家人要去完成一趟大吃大喝的家庭旅行。

到了香港安排好住宿，就立刻出去找好吃的食物，在甜品店發現一個甜品名寫著「士多啤梨」，「士多啤梨」？這是什麼？讀者朋友猜猜看？

士多啤梨

不知道

我跟我弟兩個人看了很久，我心想我吃過很多梨，有水梨、黃梨，就是沒吃過這種「士多啤梨」，於是我們立刻點了一份來吃，當那甜品上桌，我們才恍然大悟，不約而同說：「原來是這個啊！」

士多啤梨竟然就是草莓（strawberry）音譯而來的。

這是一趟有趣的旅行，也讓我有意外的發現。

如果是到其他非中文國家旅行，因為早就知道語言、文字不同，心裡也會預期到有理解上的困難。但讓我沒想到的是，香港跟台灣同樣使用繁體中文字，卻依然產生文字意義上理解的隔閡，這真是有趣的發現。

其實想想看，這樣「有看卻沒看懂」的情況在工作上、生活中還是挺多的，例如現在讓我看一份專業的中文醫學文件，我一樣會陷入看不懂的情況。

那麼，排除跨領域、跨文化的專業文字外，還有什麼時候，文字可能會造成我們理解上的差異嗎？其實這樣的情況還真的很常發生！

為什麼要做視覺筆記？

先問，為什麼要做筆記？

傳統的條列式與純文字筆記不好嗎？

我們都已經做文字筆記這麼多年了，而且畫圖很花時間，不是嗎？

我相信各位一定會想到這些問題，這些問題在我 2003 剛接觸到心智圖時也有想過，當有疑問就會開始尋求解答，尋找的過程中改變就發生了，每個改變都有它的原因與背景因素。

讓我們來看看，為何要做筆記？我們可以從幾個面向來看筆記這件事。

1. 掌握重點：
做筆記就是要將會議、思考的重點記下來。

2. 記憶提醒：
筆記要讓我們可以記住重要事項。

3. 工作了解：
筆記是一種幫助我們掌握工作的方法。

以上這三點都是筆記的功能面，是工業革命時代賦予筆記的使命，就是要：

快速
系統化
高效率

傳統的工作筆記關心的是系統，是如何透過一個系統讓效率提升，作最小的功得到最大的產能。

當然這些非常重要，但我們做筆記應該還有其他的需求面向吧？例如：

感受性
理解度
回憶

這些除了關心功能面，同時也關注人，關注感受，關注你有沒有投入當下，是不是有真心理解與思考，我想這些年更多筆記書籍大暢銷，表示我們不只在尋求更有效率的筆記方式，我們其實是希望「透過筆記成長」、「經由筆記感動」。

視覺筆記，同時兼顧效率與感受

前面我們拆解為什麼要做筆記的問題時，得出的結論是，做筆記不是為了增加效率，也是為了能夠強化感受，而什麼樣的筆記可以幫我們兼顧兩者呢？那就是「視覺筆記」了。

下面，就讓我來列舉視覺筆記的優點。

優點 1：圖像筆記跨越理解的隔閡

閱讀文字需要看完全部內容才能理解，甚至需要了解文字「背後的文化」才能理解，文字是種抽象層面的理解，加上若書寫不當則更加深理解的困難度！

還記得前面說到香港甜品「士多啤梨」的故事嗎，直接用張圖，即使看的人「跨越不同文化」，也不會產生那樣的無法理解的情況了。

優點 2：圖像筆記把想法整理得更清楚

傳統的條列筆記將資訊切割了，不容易看出每個重點間的相關性，文字太多且重點分散。

而做視覺筆記時我們的大腦會快速進行資訊重新整理，這個整理就包含了分類、分層與關連性等，加上圖像可以自由排列與建立連結，經過整裡過的資訊就更清楚看見關係與關連性。

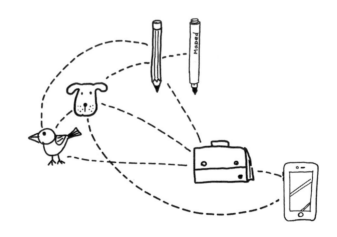

鉛筆
彩色筆
手機
小狗
公事包
鳥

優點 3：圖像筆記強化思考與記憶

你還記得我們學生時期做筆記的方式嗎？我們通常是不停的抄寫老師的文字板書，我們大腦停止了思考，因為來不及思考或者不用思考，於是我們得到一個大量文字堆疊卻無法理解的文字筆記。

而做視覺筆記則是另一種方法，因為要將內容轉成圖像，於是就會「真正開始思考」，不會只是抄，而當我們思考過才寫出來的筆記，其實更容易吸收，對內容的印象也更深刻。

以上這些優點的影響是相互交乘的，因為資訊若只是片段寫下沒經過思考、整理，寫下的這些都會是片段的重點，彼此找不到關係，無法看清事件全貌，這樣的筆記不容讓人看懂與理解，文字看久了注意力就渙散了，也就失去記錄的意義與價值了，而視覺筆記就是幫助我們找回這遺失的這一塊，這是個改變的時刻，讓我們一起就從視覺筆記開始。

視覺筆記幫助我們用更活潑、更有趣的方式重新整理事物與思考的相關性。

畫張圖真的可以提高生產力

其實，每個人都或多或少做過「視覺的記錄」。

我相信你一定有在課本上塗鴉的經驗，可能是因為上課太無聊，或是因為好玩，以前這樣做可能會被老師罵，或是被爸媽罵。

但是我們沒想到的是，其實畫圖可以幫助我們理解新資訊！

最新研究指出「塗鴉」能幫助提昇我們的工作記憶（邏輯整理、分類、排序的記憶能力），因此能幫我們記住更多的訊息，英國心理學家賈姬.安杜瑞（Jackie Andrade）的實驗，讓受測者聽一段枯燥乏味的錄音對話，結果發現，邊聽邊塗鴉的受測者，記得更多的人名、地點！

這種「塗鴉效果」可以抓住你的注意力，讓你的工作記憶清醒運作，養成在工作時塗鴉可以趕走白日夢，不管在會議、思考、工作時都能提高你的生產力，這麼好的方法，讓我們從每天都需要做的筆記開始玩塗鴉吧！

當你要理清工作時，開始畫畫！

你有想去的地方嗎？這時如果沒有清楚的目的，到哪都可能是對的，也可能是不對的，所以首先我們要建立一個清楚目標，然後藉由特定路線，去到達我們想去的目標。

這其實就是我們釐清思緒時的過程，但是文字筆記很難把「找出路線」、「規劃全局」這些更趨近「圖像」的思考描述清楚。

這時候假若你的工作、問題與思考需要一個整體系統，是由一個一個子系統組合而成，那麼想要提昇你的工作成效就是要讓每個子系統都運作良好，並且看見一整個由子系統構成的完整系統空間，這時候藉由視覺化筆記，才能清楚看見每個子系統間的關係，甚至從整體鳥瞰中看出瓶頸與問題點。

整個視覺筆記工作流程需要一步一步拆解、操作、改進，整個操作需要不斷練習，一段時間之後自然的就會成為你思考與工作的習慣，而好的視覺筆記就能讓你的工作看得更清晰、簡化複雜，工作也就越來越有自信了，因為拆解又重建的視覺筆記就像是：

一張鳥瞰圖，
當你站到高處往下看，
可以更清楚看見平面看不見的細節與完整性。

讓我們來看幾個實際案例，你更能感覺到一般文字筆記與視覺筆記的差別了，這些筆記都是我們經常會用到的。

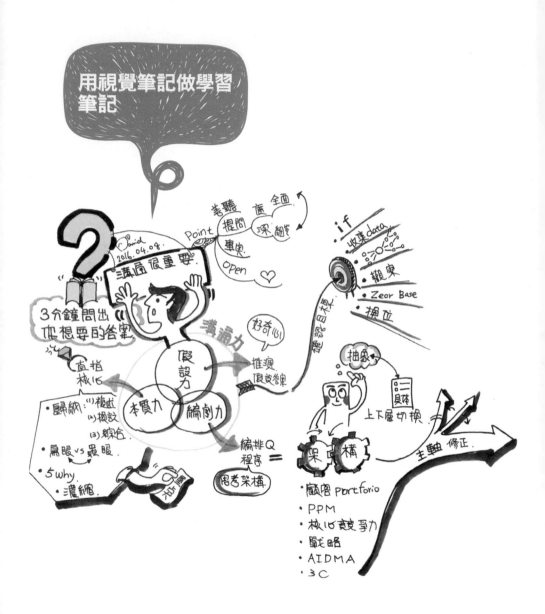

你覺得這樣視覺筆記有趣嗎？是不是會想多看兩眼，也覺得視覺筆記更好玩，同時也更容易理解，這樣的視覺筆記不只是好看，在製作過程更有感覺，也讓筆記者可以更投入。

1-5

視覺筆記是什麼？不是什麼？

視覺筆記，是用畫圖來思考的筆記

從字面上說，視覺筆記就是在筆記中加入視覺技術，而「視覺」這個詞，就一定就脫離不了圖像，各位也一定會想到幾個問題，例如：

視覺筆記就是在文章中加入圖像嗎？
圖要畫的很漂亮嗎？
用色一定要很多彩嗎？
專業人士才畫得出來吧？

這些問題就請暫時放下，我們先釐清一下，「視覺化」這個詞彙，這幾年在 Facebook、Line 甚至大陸的微信、微博都大量的出現，若用 Google 搜尋一下會發現有各式各樣的圖，但視覺筆記完全等於畫圖？

讓我們從筆記的目的來說，筆記是幫助我們思考與記錄重點，而視覺筆記就是「用畫圖的方法來進行思考與記錄」，當清楚了視覺筆記的目標，我們就能回答上面的問題了。

視覺筆記就是在筆記時同時使用文字與圖像，讓左右腦同時為我們工作，可以更有效率，可以釐清一些抽象、不容易想清楚的事，同時讓想法落實在紙張上，可以被看見。

畫圖的目的在將想法呈現出來，所以漂亮不是最重要的，畫清楚更有價值。

單色圖也能幫助我們進行思考，不過色彩確實能引發我們更多的情緒，根據安東尼奧·達瑪西歐（Antonio Damasio）的研究指出，情緒有助於推理與決策等認知活動，我們的決策都與情感脫離不了關係。所以色彩、圖像都是引發我們情緒非常好的觸發物。

畫圖是我們每個人都與生俱來的能力，只是隨著年紀增長，我們生疏且害怕了，原因很多元，跟我們的認知經驗、他人反應、社會環境都有影響，但好消息是，我們每個人都能畫圖，都會做視覺筆記。

接著我們來看看與視覺筆記相似、相關的一些視覺化圖像，一般常見的有：插圖、圖解、資訊圖，他們與視覺筆記很像，因為都有使用圖像，但他們卻也不同，我們區分一下他們的不同。

首先來看看插圖：

· 時間點：無法當下完成，必須經過後製而成。
· 價值性：在大量文字中的圖像，讓整個閱讀添增一點美感，文字依然是主角，而圖像扮演著點綴的地位，插圖在古書中有獨特的地位，很多書因為有精美的插圖而有收藏的價值。
· 製作者：插畫師，專業的畫圖人員。

視覺筆記不等於圖解

什麼是圖解：

· 時間點：可以當下完成，也經常後製。
· 價值性：一種對工作進行解釋的圖，運用簡單的幾何
  圖、線條與箭頭，進行邏輯與思考釐清，通常用來解
  釋關係或流程，是一種理性思考的圖解，在日本書籍
  中經常看見。
· 製作者：系統思考師、工程師，或設計師

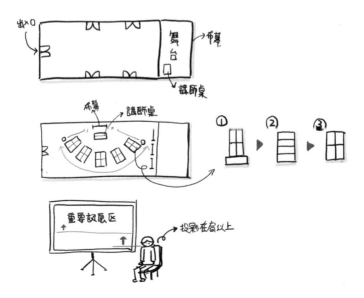

視覺筆記不等於資訊圖表

什麼是資訊圖表？

- 時間點：需要很多時間的後製。
- 價值性：針對複雜且大量資訊進行彙整與釐清，設計成一張非常好看的設計作品，作品使用具象圖像、圖表等來表示那些複雜、大量的資訊，換句話說，資訊圖是專業人士經過思考後特地設計而成。
- 製作者：設計師並以電腦進行製作

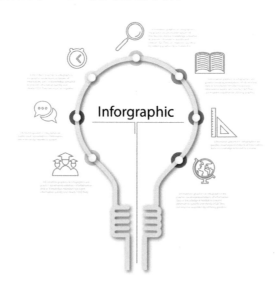

這才是視覺筆記

視覺筆記是：

- *時間點：當下發生、當下完成，視覺筆記是聽講、開會、討論當下就記錄完成的，因此視覺筆記需要能快速的完成圖像。*
- *價值性：視覺筆記不只是記錄重點，更關注整個進行的過程，也就是更關注整個思維的演進與變化、同時呈現邏輯，抓住思維脈絡。*
- *製作者：每個人都能做好視覺筆記*

插圖、圖解、資訊圖表都需要「專業工作者」或「專業設計者」才會畫，但「視覺筆記」是任何人都會，任何人都能利用在自己的思考與工作上的筆記方法。

視覺筆記的三大重點

這樣的視覺筆記能幫我們什麼忙呢？

· *想法能藉由畫圖講清楚，你曾經有想法說不清楚的情況嗎？這時你需要一張紙一支筆，將想法用畫的幫助你說清楚。*

· *做視覺筆記能幫助你思考。*

· *做視覺筆記能讓我們投入其中。*

· *視覺筆記創造更多感覺。*

· *能回憶起更多重點與重點間的關連性。*

· *視覺筆記能看見一個整體性。*

總結一下，你可能會忘記上面那些內容，我們只要記住，視覺筆記下面這三個重點：

是思維脈絡；不是片段重點

是想法呈現；不是美圖表現

是善用想像；不是追求表像

視覺筆記更簡單重現大腦思考

視覺筆記就是將文字的資訊轉成圖像，將枯燥不想看的內容活化起來，將想法快速讓人想看並看懂。

現在的我工作是講師經常來往各地進行教學課程，行程、課程配合人員多元，這些交疊的行程、瑣碎的工作容易讓覺得煩躁與不安，總會擔心哪個環節沒做好，擔心行程間有遺漏，相信這也是各位在職場工作上常需要面對的兩件事：

1. 如何做好時間規劃與工作排程。
2. 如何在繁瑣的工作中理出脈絡，看出關係。

我們真的很需要方法幫我們將事情簡單化。

『大腦組織資訊的方式，不像是你規劃家中書房或浴室藥品櫃那樣，你無法將東西放在任何你想放置的地點』《大腦超載時代的思考學》

人類的大腦是透過「關連性」來存取的，那麼重點就是你怎麼創造訊息間的關聯性的呢？而有意義的、看得見的關連與脈絡的、因果推敲過的，就是容易印象深刻的錨點，加上彩色、圖像、創造出感覺，那麼「筆記」就華麗變身為『視覺筆記』了，因此好的視覺筆記中就充滿了關連性，將想法喚起的鉤子。

其實，視覺筆記，就是更簡單重現大腦思考的方法。

思考全局的藝術

正在看這本書的你可能是一位上班族、公司主管、企業領導者，或者你還在學校中學習，不管你現在的身分是什麼，我們都有相同的願望與想要，就是讓工作、生活、學習的更好、更開心、更有感覺。

記得自己碩士畢業剛出社會工作，一個人在台北工作，從 ASUS 華碩電腦到設計公司，從設計師到創意總監，6 年的時間就是一連串的忙碌總和，每天除了上班，下班了還常常繼續在工作，或是一直在想工作上的事，有大量且繁瑣的事要做，一直忙碌無法真正放鬆，但是當時的我只關注最後的成果，卻忘記去思考是不是有產生結果的好方法，而這可能也是你現在的情況。

總覺得時間不夠用
每天的工作都做不完
每天忙於解決突發的問題
工作壓力大讓你喘不過氣來
在工作中失去熱情與樂趣
淹沒在細瑣工作中，失去方向

學會看見目標與全局

多年後我才知道，沒能看清全局與目標，就會忙著解決各種突發性的問題，這就像挖東牆補西牆無法根治，關鍵就在慢下來，將目標釐清，看清全貌。

我又想起一個故事跟大家分享，記得那我剛進一家設計公司的時候，還是個新人，才進公司第二週，某天總監來找我。

總監問我：David 有個案子你要試試看嗎？

當然阿，我說，可是這個案子前兩天我還看見 Miki 在做阿，怎麼嗎？

總監說：又被客戶退件了。

我聽見『又』這是不是表示發生很多次了呢？

於是我跟 Miki 要了她的設計稿來看，其實作的很棒，產品、氣氛都做的很有風格，但為什麼客戶不喜歡呢？詳細問，更讓我驚訝的是，全公司設計師做作過這個案子，但都被客戶退件，到底是哪裡不對呢？

於是我決定放棄所以前人所做過的一切，重新思考，到底客戶要什麼？

視覺筆記，也是工作上更好的筆記方法

最後我的設計，客戶當場點頭，甚至說：這才是我們要的。一切原因都是，我們一開始沒釐清客戶的目標，更沒看清全局，才會在枝微末節中打轉，就像走迷宮一樣，迷失其中。

視覺化技術能幫我們將抽象的思考視覺化，釐清目標，同時兼顧邏輯思維與感性感覺的方法，將這樣的視覺方法讓工作、生活更美好，而切入點就是每個人都用得上的「筆記」。

我是個喜歡做筆記的人，在學校、公司開會時總是會做筆記，但是都是單純的文字筆記，這樣的筆記讓我產生幾個困擾：

- *要寫很多、很多、很多字，手會超酸。*
- *因為要一直寫字，所以大腦全部用來寫聽到、看到的，都沒思考這些資訊的關係。*
- *寫下的重點都是條列的，不容易看清關係性。*
- *回頭看自己的筆記，有時會想不起來這段筆記的情境與含意。*

所以我開始尋找更好的筆記方法，筆記就是要將所想、所看到的重點記錄下來，同時有效的幫助回憶與解決問題，這樣的筆記其實是一種有系統概念的筆記方式，也是一連串步驟的連結，於是就有拆解、建構並整理成一個有系統結構的筆記。

掌握好整個視覺筆記，就能理出工作上的關鍵。

視覺筆記高手是這樣練出來的

但是改變筆記習慣容易嗎?當然非常不容易,尤其從小就養成用文字做筆記,所以改變需要一些方向的指引。

再屬害的視覺大師也都曾經是小白(一張白紙),他們也都有一條學習路徑,沿著這條路就能走到目標,只是這條學習之路有很多的挑戰與冒險,每個挑戰都是一個試煉,我們不用贏在起跑點,以自己的步伐堅持走到終點就是最棒的旅程。

這本書,就是要帶你走過這段視覺筆記之旅。

我們將要進一趟冒險的旅程，
我們將跨越抽象文字沙漠，走向綠洲般的圖像世界，
我們將飛越只由片段重點堆疊的迷宮，飛到高處看見
完整的全貌，
最後我們將掌握隱喻，將故事說到人們的心坎裡。
這是一趟邁向未知的冒險，也是找回自己天賦的回歸
之旅。

啟程

要用同樣的方式，期望達到不同的結果，是不可能的，我們都喜
歡熟悉的安全感，改變是一個令人害怕的事，但是我們也都知道
唯有改變才有新結果。

改變單一的文字、線性、條列思維，改以視覺、圖像、視覺、關
係性的思考方法，這是一個不容易的改變，但唯有親自跨出第一
步開始那趟視覺旅程，才能找回自己的視覺天賦，也才能脫離舊
有的框架，改變從不習慣開始

文字是人類大量知識的載體，文字需要學習，從幼兒園之後我們都大量使用文字來理解、學習與溝通，文字是高度抽象的符號，沒學過舊無法掌握，就像英文、日文、法文等，需要透過學習來掌握，甚至有可能每個字都懂卻無法理解含意，例如：「檔案要出血」你知道意思嗎？

「一圖勝千言」就是畫個圖講的更清楚，圖像是真實世界的指涉，所以相較於文字更直覺、容易理解，我們可能不知道『芭樂』是什麼？但我們一定看懂圖，圖像是簡化複雜世界的「舊酒新釀法」運用舊元素產生新價值，視覺思考、視覺記錄、視覺溝通、視覺團隊，因此而生。

片段與全局

記得我在讀設計時，老師們總是說：設計師扮演很重要的角色，從策略面、計畫執行一直到營銷都是關鍵人。

但是當我到工作職場上才發現不全然如此，設計工作被切割成一個範疇，只負責生產，平面搞、動畫、廣告、產品等，都只是產品。

公司成為一個大機械，每個人部門負責一部分，每個人也都是其中一個零件，我們都沒能看清這個公司的大機械的全貌（簡化），所以每個人都在自己的小穀倉內爭奪資源，無法看見整體的需求，有全局觀又有個人職責，這就是企業當前很重要的課題。

終點

終於來到旅程的終點，運用圖像將你腦中的想法 Show 出來，簡化、精鍊成重點，將你的想法直覺的放入同事、老闆、客戶的腦中，不再需要複雜難懂的表格與文字說明，畫一張圖幫你說清楚講明白，這樣的職場工作豈不快哉！

一張視覺筆記的四大階段

簡單的四步驟只要透過學習、練習就能掌握，我們的目標不只是知道，更要帶著大家去做到，這四個階段有順序性，通常從對外界的觀察開始。

1. 觀察：提昇觀察力抓取重點，觀察是指透過聽或看來掌握重點

2. 關連性：經由聯想與連結發掘資訊間的關係

3. 群組：經過思考後進行分群與結構化，提煉重點內容，化繁為簡，清楚看見知識的脈絡

4. 呈現：將聽到的關鍵字，轉換成圖像、關係、順序、脈絡

see
Associate
Relationship
Organize
Grouping
develop
Show

觀察是資訊的輸入起點，觀察力的差異決定了輸入資訊量，一個人能吸收多少資訊，就看他能觀察到多少，好的觀察者喜歡從有多種角度來觀察，基本上有以下這些角度，量與質、大體與細節、通則與特例、結果與過程、相同與差異等等。

我們都知道牛頓發現萬有引力是因為看見蘋果從樹上掉下來，但我好奇的是，蘋果從樹上掉下來一定經常發生，難道只有牛頓一個人看見，肯定不是的，那麼為什麼只有牛頓看見蘋果掉下來引發他的思考呢？

我想牛頓一定是個有好觀察習慣的人，蘋果從樹上掉下來只是他認真觀察的事件之一而已。

關連性是將觀察到的現象進一步提問與思考，也就是會在腦中進行一連串的自我提問。例如，牛頓觀察到蘋果從樹上掉下來，他可能會思考了下面這些問題，進行關連性聯想就是進行解答的過程之一。

為什麼會這樣呢？
是什麼原因造成這樣的結果？
這是怎麼發生的？

這是一個找到 A HA！的過程，將所觀察、所想到的答案進行有系統的整理，可能會是分類、分群，試圖找出其中的結構或因果關係，這是一個整理思維的過程。

我想牛頓在關連性上一定做很多可能的推敲，整理出很多讓蘋果掉下的可能因素，時間、太重、太大、生長位置、風吹、蟲咬，不管大小都會掉下來等等，最後做個系統性的整理。

這是一個如何將想法說清楚的階段，如何將從觀察、聯想到群組三個階段所想到的構想做一個人人易懂、想看的說明，這就是第四階段呈現所著重的事。

俗話說「一幅圖勝過千言萬語」、「文不如表，表不如圖」，由此可知，只要善用圖像加上重點文字說明，就會是一個好的呈現方式。

就讓本書來教你如何圖像思考，如何完成視覺筆記吧！

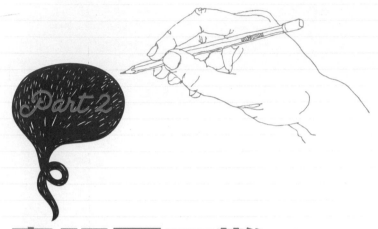

Part 2

畫張圖不難！
你也能立刻上手
視覺語法

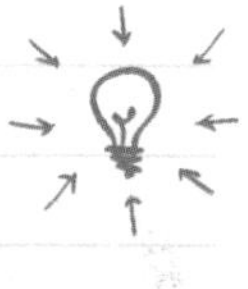

不需要畫得很好看!

其實你只要會三種圖形

找回天生的畫圖能力

畫人物原來這麼簡單!

思考本來就是圖

如何把文字畫成圖?

如何畫出動人的視覺?

如何畫出激勵自己的視覺筆記?

沒有人要你畫得很漂亮

天生的畫圖技能，被大人的我們遺忘！

畫圖難嗎？

這個問題若是問成年人，相信很多人都會說 YES! 認為畫圖很難的將高達 80%，因為我們太久沒拿起筆來將想法畫下來了。

然而這個問題若是兒童來回答，將是畫圖一點也不難，而且很簡單。

所以，畫圖難嗎？

我說，突破心防，有正確的心態加上好方法，畫圖將不再難，且很簡單！只是大人的我們不像小孩一樣把畫圖當作一種樂趣，把畫圖當作一種表達，大人們太拘泥於畫圖的技巧。

這個章節我們將幫助你找回天生具有的圖像能力。

小朋友拿起畫筆，簡單就能把他們的想法畫出來，無論好不好看、像不像，但是他們都「懂」自己畫中想表達的想法。我們大人也要找回這樣畫圖的勇氣。

首先讓我們先建立一個好的圖像心態，那就是先釐清「你為了什麼而畫圖」？

要成藝術家？
要變成一流的插畫家？
要辦繪畫展覽？
還是要大家稱讚你畫的很棒？

好吧！或許無論我們畫什麼，多少會希望大家覺得我畫得不錯。

但是上面這些，都不是我們所說的「視覺筆記」的目的！

視覺筆記中畫圖最大的目的就是「將想法呈現出來」，讓大家看清楚、看懂，你說對嗎？所以，請在筆記本寫上這句話提醒自己：

換句話說，我們要追求的是「畫出我的意思」，而不是「畫得很像或畫得很漂亮」，好了！現在我們有了正確的心態，我們可以開始展開圖像之旅了，出發！

你不需要畫得很漂亮

你不需要畫得很像

你不是在畫插圖

沒有人會給你打分數

你是用畫圖來做筆記！

2-2

只要會畫這三個圖形，
就能畫出所有圖案！

視覺筆記旅程就從找回我們天生的圖像力出發。

我們的第一個絆腳石就是：「誤以為畫圖很難」，這個石頭頑固的橫擋在我們與視覺筆記的中間，雖然我們很久沒畫圖了，但現在就是找回自己圖像力的時候，讓我們將這個絆腳石移除，這個章節，我們將學習一套搬移這個絆腳石的方法，點石成金。

你覺得自己總是畫不好圖嗎？
你總是抓不到畫圖的訣竅嗎？
不知道該從哪裡畫起嗎？

別怕！下面我們一步一步來練習，找回自己天生的畫圖能力。

視覺筆記理所當然的就是由「圖案」當主角，所以讓我們從構成圖案最基本的「圖形」開始練習，而其實你只需要學會畫三種圖形就好，就能畫出幾乎所有你要的圖案！這應該沒有人不會畫吧？聽起來也很棒吧！

百年來藝術家們發現，世界是由三個基礎形狀組成的：

三角形
圓形
方形

只要用這三個形狀，就能畫出所有你要的圖像，我們就是只要學
學藝術家的方法，用簡單形狀來畫圖即可。

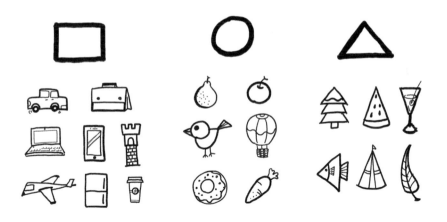

三步驟上手「元圖形」畫法

那麼,我們要如何掌握畫好三角形、圓形、方形的技巧呢?其實非常簡單,我們用「點、線、面」三個步驟來掌握構成元圖形的流程。

首先是「點」,點在視覺筆記中可以是條列、路徑的開始點,真正的點是零次元的,只有在數學中才存在,基本上點是比較抽象的,但也很適合用來表達某些抽線的內容,以下這些圖都有「點」的功能。

任何圖形都是從「點」開始或結束,或是用「點」來點出重點。

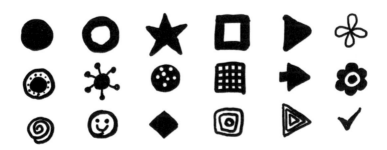

接著來說說「線」，在視覺筆記中線有連接、區分資訊、裝飾等功能，線條可以是很簡單的直線、曲線，也可以像中古世紀歐洲的植物性裝飾線一樣繁複，當然還可以設計與眾不同的線。

在視覺筆記中，這代表相關的連結，代表思考的路徑。

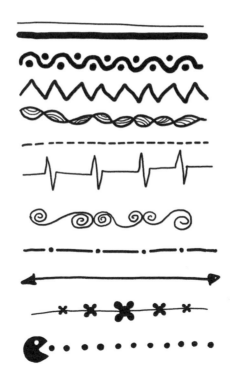

面

最後重頭戲是「面」，面主要就是三個基礎形：圓形、四邊形、三角形。

我們可以利用這三個形狀的組合畫出很多物品，這樣畫圖只需要很短的時間就能完成，這裡畫了幾個圖給大家看，還有更多的圖案等待各位去嘗試，如果還是覺得沒把握，那請繼續看下去，我來分享我畫圖的小訣竅。

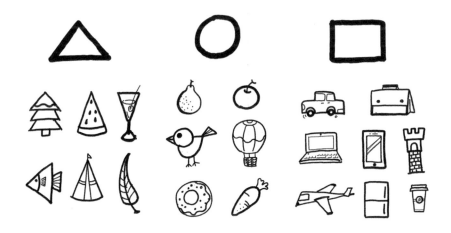

四步驟找回天生畫圖能力

多數人圖畫的不好或是感覺挫折，其實是沒掌握到畫圖的「步驟」與「順序」，如果你一開始就想「直接畫出想畫的東西」，反而會怎麼畫都畫不好！

最常見的情況是，沒使用前面說的基礎形掌握外型，直接從細部開始畫圖。

所以，只要學會接下來這畫圖三步驟，就能畫出好圖喔！讓我來做個示範給大家看，你就了解了，你也可以跟我從簡單看得見的物品開始，如果可以請你拿一個馬克杯來練習，或是類似的杯子。

而畫圖的口訣就是：

「由外到內，由粗而細」

Step 1

瞇著眼睛看外型

將眼睛瞇起來只專注在馬克杯的外形上,你會發現顏色、細節都變模糊,只會有個大約的輪廓!

我們眼睛內有兩種細胞,「錐狀細胞:看色彩」,「柱狀細胞:看明暗」,一旦光線不足錐狀細胞就會失去作用,就像睡著一樣,所以回想一下,當你走進已經開演的電影院,找座位的你只會看見座椅的輪廓,而看不見座椅的顏色,所以要瞇著眼睛找物體的輪廓形狀。

而畫出基本輪廓是很簡單的,因為這個輪廓正是可以用我們前面所說的元圖形構成。

半圓

四凶形

Step 2

用基礎圖形畫出輪廓

當你水平的看這個馬克杯時，你可能會看見杯身像個四邊形，加上半圓的把手。

當你抬高你的視線，從高一點看馬克杯，你可以看見杯口就是一個橢圓形，加上四邊形的杯身，再加上有半圓形有厚度的把手。

但無論如何，都不脫離三個基本圖形。

Step 3

調整你的畫圖視角

你在畫圖時可以更有創意的改變視線,例如視線變成俯視看馬克杯,就只會看見圓形的杯口,加上四邊形的把手

以上想跟大家分享,當你看杯子的視角不同,就會有不同的基礎形組合,杯子可以拆解成三種基礎形,當然就可以使用基礎形組合出馬克杯。

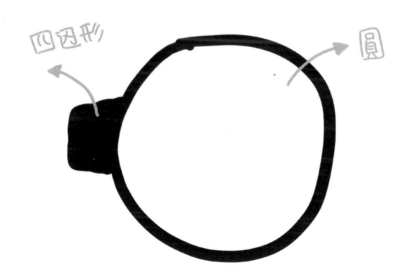

Step 4

形狀修飾與組合

當你找出基礎形，並將它畫出來，接著就是作一些小修飾或美化。

前面這馬克杯的三個視角，我個人覺得第二個視角（水平抬高視線）比較理想，因為比較容易被人看懂，所以就以它繼續進行修飾與美化。

其實我的馬克杯杯身有一點弧度的，這裡就可以將這個弧線修飾出來，而且我的馬克杯有個美人魚尾巴的圖案，現在再將圖案畫上去。

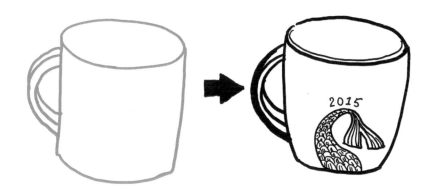

畫圖，就像蓋房子！你發現了嗎？畫圖其實是有步驟有依循的，畫圖的過程跟蓋房子很像，從打地基開始，接著開始建設房子的主結構，將房子的整體樣貌架構好，然後建設外觀牆面，最後才是內部細節。畫圖要畫得好也是一樣的概念，先將圖案的結構架好，然後修飾外觀，最後進行細節繪製。

口訣就是：「由外到內，由粗而細」。

2-5

畫有生命力的圖案只需兩支筆

前面我們學會畫出基本圖案了，接著讓我們學會怎麼把圖案的意思表達得更好。

你想將圖畫得更好、有生命力，只要準備兩隻筆，一支粗的、一支細的。

例如：黑色 0.8（粗）與 0.3（細）的代針筆。

現在用粗的筆來畫圖案的輪廓，用細的筆來畫細節，只要圖案內有粗細兩種線條，這個圖就會更有生命力了，是不是超簡單的，快點試試！

畫「人物」，一點都不難

我們一般認為最難畫的圖就是人了，很有趣的是我們身為人類卻最不會畫人！

這似乎暗示著人其實最不了解的就是自己，那麼我們就來學習怎麼快速、簡單的畫出人。

首先，視覺筆記不是畫自畫像，我們只要畫出可以表達意思的人物即可，所以我們來學三種畫人的方式：

星星人
樹枝人
方塊人

這三種人都屬於一般通用的人，沒特定是哪一個人，這三種畫人的方法，可以幫助你快速畫出人的圖像。

任何人都會畫這三種人！

星星人

樹枝人

方塊人

星星人：就是一個圓形的頭＋五角星星當身體，最上方的角與頭重疊，其他就是人的手與腳。

樹枝人：我們最熟悉的人，身體就像樹枝一樣。

方塊人：簡化頭形呈現方形的人

幫人物加上簡化特徵

人物可以從簡化、寫實到特定。

簡化就是從前面的星星人、樹枝人、方塊人做延伸，幫他加上髮型、服裝，可以從這些部分來表示它的身分。例如加上領帶，它可能就是個上班族。

寫實就開始關注這個人的特徵與配件，最後就是特定畫出一看就知道是誰的人，通常他會是個名人或是在場大家都熟知的人物，但這部分就真的比較需要畫得像，不是我們視覺筆記一定需要的。

除非有特別需求，不然視覺筆記是不需要畫到那麼寫實的人物或特定人物的。

簡單畫出人物的姿態

由於人體非常難畫，所以一開始畫人的時候建議就專心使用前面三種簡單的通用人圖案就好。

若想要進一步的練習，就是要來練習人的姿態，看人物的姿態能知道這個人現在的狀況，這裡也提供些動作給大家，各位可以多畫幾次就會熟練。

這樣畫人身體的姿態是不是簡單多了，還可以綜合三種畫人的方法，就是我畫人體姿態的方式喔！頭使用圓形，身體使用方塊人，手就用樹枝人比較好畫，我們只要專心思考「姿勢」的身體語言就好了。

簡單畫出人物的手勢

手是另一個非常難畫的圖,因為手可以做很多靈巧的動作,例如,比手勢、拿東西、握拳等,要畫好手以要從拆解基礎形開始,所以手可以拆成以下這樣的形狀,第二或第三種方塊形狀,是不是變簡單多了?這樣多練習幾次,手就會越畫越好。

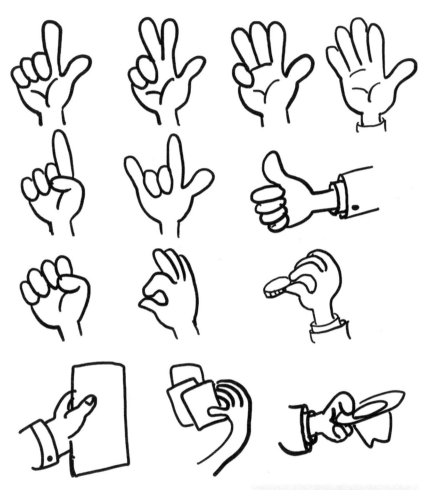

學會上述手勢基本型，你就
可以開始練習畫畫看這些手
勢，對視覺筆記也有幫助！

你的大多思考一開始都是圖像

視覺筆記雖然是由「圖案」當主角，但背後的隱含內容其實還是文字與思考。

所以我們需要進行一場圖像翻譯活動，用圖將腦中概念呈現出來。

看似很難？其實，根據研究我們腦中存在的那些文字、語彙，都與圖緊密相連著，因為文字是抽象的，經過學習才知道它的意思，而圖像就很具象，看見圖就立即能夠認知，換句話說：當我們說「小狗」，我們腦中就會出現小狗的圖。

如何把一個事件畫成一張圖？

前面幾個小節，我們知道怎麼用基礎形來畫各種圖案了，接著，就是怎麼畫出我們想表達的意思呢？

我們要做的就是將文字變成圖案，那我們都寫些什麼文字、想些什麼呢？

不要以為我們想的很多很複雜，但是歸納一下其實都是有邏輯的，第一種就是「事件類」的思考可以歸納成：「人、事、時、地、物」來描述。

我們可以把某個事件的思考重新組織成「人、事、時、地、物」，那麼就能簡單變成一張圖。例如：一個人晚上睡前在浴室刷牙。

如何把名詞、動詞、形容詞畫成圖？

若從文字的詞性來分類，大多文字可以分成三大類：名詞、動詞、形容詞。

這時候怎麼用畫圖表達這三種詞性呢？下面我直接舉例給大家看。

名詞　人、時間、地點、物品、費用等泛指所有的物品都是，基本上都屬具體可以看見的物體。

動詞 事件或是動作,如上升、移動、下降、擴散、集中,較抽象不大有具體的形態。

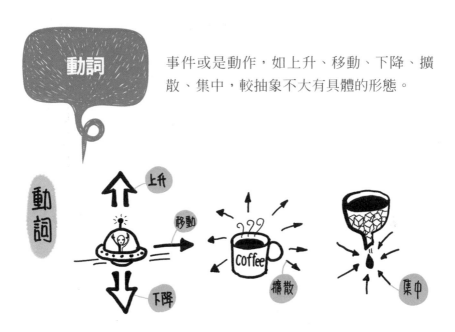

形容詞 冰冷、驚嚇、恐怖、開心等,屬於抽象感覺的語彙。

具體呈現與抽象聯想怎麼畫？

不管文字詞性是什麼，要畫的圖像還可以分成「具體看得見的東西」、「抽象看不見的感覺」。

具體呈現

凡我們眼睛能夠看見的物品、狀態、事件都算是，因為看得見所以型態很具象，容易表達，也容易與大家建立共識，換句話說，只要畫的出來大家的認知就不會差太多。

這時候只要使用前面一開始的畫圖三步驟可以幫助我們畫出具體語彙的圖，我們可以誇張或強化表現感，例如：食物很豐盛、這個箱子很重。

 **抽象語彙** 就是看不見的，可能是一種概念或形容詞，這需要連結自己的生活經驗與體驗，同時要關注大眾的連結。

抽象語彙則要使用「聯想」來幫助我們建立連結。

例如愛情，大家會聯想到愛心、玫瑰花、紅色、笑容、麵包等…，愛情就是抽象語彙，而轉成圖像就可以是我們聯想到的圖案，唯一要注意是不是符合大家共通的認知。

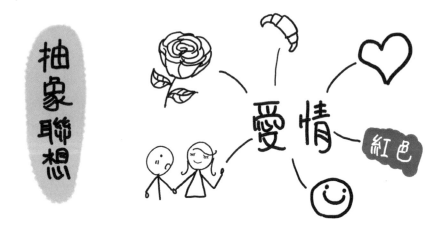

現在我們可以將學到的圖像力，落實在工作需求上了，你可以將你的工作項目一一轉成圖像，這樣你就擁有很多的工作圖像庫，有這樣圖像庫就更容易幫我們進行表達與翻譯。

最後是使用度上的分類，視覺筆記最常用有六個元素，就是：人、流程、地點、物品、對話、文字，這六類可以簡單也可以複雜，就看你想強調什麼、與你有多少時間來決定了。

2-11

 如何畫出動人的視覺筆記？

如果要讓視覺筆記更動人，更進一步，就要練習畫出感受與感覺。

不是要畫得像，而是要畫出情境。

畫圖會打動人心是因為圖案能傳遞感覺與情緒，這些都是為了要喚起人們腦中共同的記憶，而能喚起這種有感覺記憶的要素有很多面向，如音樂、環境、光線、色彩、氣氛等等。

你是否有著這樣的經驗，重遊舊地，就想起出很多陳年往事、聽到某首歌就想起某些人或事物，看到某樣東西就想到年少瘋狂時期的經驗？

我們在視覺筆記畫的圖像，就是組合視覺的元素將情境表達出來，一般而言情境有幾個部分，「場景＋主角＋事件」，舉個例子，我想要畫出「挑戰」的情境，我們可以選擇在高山，一個小魚在跨越高欄障礙賽，隨機的組合，能夠產生很很有趣的創意，對吧？

場景：高山、運動場、海洋
主角：登山者、運動員、小魚
事件：爬上山頂插棋子、跨越高欄障礙賽、躲避鯊魚追殺

一樣是簡單的圖案構成，但是加上「情境」，是否背後那個動人的感覺就出現了？

一個概念的傳遞不像一個物品那樣具像可以看得見、摸得到。

概念的傳遞來自我們大腦對它的意義解讀，換句話說，我們畫出來的圖案只是個「勾子」，在適當的時空背景下將腦袋的記憶勾出來，加上我們剛好有著「共同的經驗」，因此藉由圖像得到相同的概念。

所以視覺圖像就是將意義融入圖像中，讓閱讀的人去解讀它，要達成這個目標，就需要資訊、心智與脈絡三者間進行互動，換句話說就是善用隱喻的方式來傳遞概念，用隱喻的方式來思考。

這是什麼意思呢？其實簡單來說，就是把「我所看見的資訊」，用「我的心智思考」後，找出一種描述他的「情境」，並且用大多數人可以理解的圖案畫出這個情境。

畫出情境三步驟

根據研究，人們比較喜歡看有隱喻性的文字，因為更耐人尋味、也更吸引人們的注意，就讓我們來畫出有隱喻性的視覺筆記，隱喻就是以此喻彼，而畫出情境就能畫出隱喻。

其中「場景」是情境中很重要的要素，有一個場景我們就清楚知道事件發生的地點，大腦就受到暗示去解釋這個圖可能的隱喻。

一開始我們就提到，畫圖是要畫出情境，而情境圖三個元素就是：

場景：在什麼地方？
主角：什麼人？
事件：做什麼事情？

這個有點像我們玩過的一個遊戲：「什麼人、在什麼地方、做什麼事情」，讓我們來做個練習幫助我們腦袋突破框架。

各位可以看見後面有個表格，主要分成主角、場景、事件，目前已經有寫上些內容，還些空白格子請各位填寫，然後我們可以在這三類隨機選擇，並將它完成成一幅圖喔！別害怕，這個練習是為了打破我們腦中的恐懼與框架，所以勇敢試試看吧！

練習畫：
情境隨機組合

主角	場景	事件
礦工	教室	吃泡麵
小矮人	飛機上	打擊犯罪
上班族	辦公室	打電腦
超人	城堡	換裝
長髮公主	海邊	梳頭髮
業務員	大馬路	拉保險
老闆	生產線	做漢堡
恐龍	天上	喝咖啡
外星人	停車場	洗澡

如何畫出想去做的目標視覺筆記？

有情境的圖很適合用在「目標描述」。

每當我們進行一個企劃或規劃時，都會有目標的設定，一般目標設定要符合SMART原則：S（Specific）明確性，M（Measurable）衡量性，A（Attainable）可實現性，R（Relevant）相關性，T（Time-based）時限性。這個原則只是檢視這個目標的合理性，但有沒有一種可能：所設定的目標符合 SMART 原則，但卻讓我們不開心！

例如：我一個月內要從不會抽煙到每天抽 3 根煙，看起來目標很明確，但我卻一點都不想做。

所以，目標不只要具體可行，更重要的是要「有意義」、就是要「有價值」，有非常想達成的「感覺」。

此時將目標用一張有情境的圖呈現，讓參與會議的同事、主管，對你設定的目標產生好感覺，那麼你的企劃、提案就成功了一半，因為你將這個企劃目標說的更清楚，除了理性檢視還有感性述求。

讓我來實踐看看，本書的目標就是「每位讀者都能畫出視覺筆記」，運用 場景＋主角＋事件流程來畫出情境圖，我構想的場景是腦袋、主角是筆、事件是畫出想法，所以「腦袋」＋「神來一筆」＋「畫出想法」，就畫出最後面這張情境圖了！

如果你認真練習到這裡，恭喜，你應該已經找到搬移畫圖絆腳石的方法了，進一步，就要讓你的想像力與實驗精神幫助你點石成金，下一關我們將理出思維迷宮的線索，掌握畫圖思維的價值。

想得更清楚！
三大圖像力
釐清混亂思考

> 只要用圖像理清步驟順序，畫出相對空間，然後把前因後果的關係搞定，那麼你就掌握了視覺筆記最重要的圖像思考力。

—— David 盧慈偉

用視覺思考幫助你想清楚

時間邏輯就是流程邏輯

每個圖像都是一個思考點

缺乏空間感的筆記讓人難以理解

問自己：為什麼的理由

視覺筆記如何讓複雜問題變簡單？

視覺思考釐清你我的世界

> 要走向理論的建立，當然不存在什麼邏輯道路，只能通過建構性的嘗試去摸索，而這種嘗試是要受支配於對事實知識的慎密考察的。
>
> ——愛因斯坦

邏輯這兩個字看起來很難，似乎是一種複雜的推演過程，也有很多朋友常說自己沒有邏輯。

其實，如果回到視覺系統的邏輯，並不需要多麼「高大上」的推論思維。

在視覺筆記中討論圖像思考，並不需要多複雜的理論，只需要討論：「我們如何想清楚一件事」即可，我們會如何將一件複雜的事情透過幾個面向的抽絲剝繭，將其簡化成可表達的形式？並讓人們容易了解呢？

我們用一個故事來說，就容易理解了。

有天小美約了她的好友小莉在週日下午 2 點喝下午茶，小美準時到了咖啡店，期待著今天的下午茶時間要好好與小莉敘敘舊，因為他們已經好多年沒見面了。

但是眼看著時間已經是 14:20 分了，小莉卻還沒出現，小美心想怎麼了？難道事自己記錯時間？還是小莉不知道這家咖啡的位置？還是發生了什麼意外？導致小莉失約，正當自己胡思亂想時，小莉出現在咖啡店門口，一臉慌張且抱歉的表情，說是自己太大意了，忘記週日下午會大塞車，太晚出門，又忘記帶手機，所以遲到又無法聯繫小美。

各位，剛剛這個故事，小美腦中所想的正是我們要談的圖像思考三大面向，也是我們會思考的幾個邏輯角度。

1. 時間：現在是幾點幾分？難道是自己記錯時間嗎？
2. 空間：小莉在哪裡？難道她不知道地點？
3. 因果：小莉是不是因為什麼事，導致她無法來？

一般而言，我們也都在這三個面向中進行思考，而在做視覺筆記時，只要可以掌握這三大思考力，將時間、空間、因果「具像化」，就能做出涵義更深刻的筆記。

3-2

培養「時間」的圖像思考力

> 時間的步伐有三種：未來姍姍來遲，現在像箭一樣飛逝，過去永遠靜立不動。
>
> ——席勒

你曾經說不清自己的想法，有很棒的構想卻無法清楚表達嗎？此時的你卡在自己思維的迷宮中動彈不得，想說清楚，首先要先想清楚，而可以幫助我們想清楚的第一個要件就是「時間」。

時間是我們很重要的一個思考脈絡，隨著太陽升起開始我們一天的作息，直到太陽落下結束我們一天的忙碌，這一切都依照時間的度量來進行著，所以時間觀深深印在我們大腦中，在生活與工作上，我們都會做時間規劃、做時間管理。

但是要怎麼把虛無飄渺的時間變成可以思考的具像化圖形呢？

其實時間無法被我們控制或管理，我們能做的只是管理事情，也就是安排事件的順序與流程，而藉由「流程的視覺化」，我們可以簡化並看見其中的細節，更重要的是可以看出一個人的思維。

時間邏輯，就是流程邏輯

我是個喜歡喝咖啡的人，每天至少喝 1-2 杯黑咖啡，年輕時候喝三合一，長大後開始喜歡手沖咖啡的香氣與口感，尤其是天冷時，手上拿著一杯溫熱又充滿香氣的咖啡，就會覺得很幸福。

曾經看過一個日本節目，主題是手沖咖啡比賽，節目中找了很多位咖啡達人，用同樣的器具、豆子、水，看誰沖出來的咖啡比較好喝，結果其中一位的咖啡被公認最好喝，大家好奇的問他怎麼沖出這麼好喝的咖啡，各位猜猜秘訣是什麼？

是的，好喝咖啡的秘訣就是「沖咖啡的流程」。

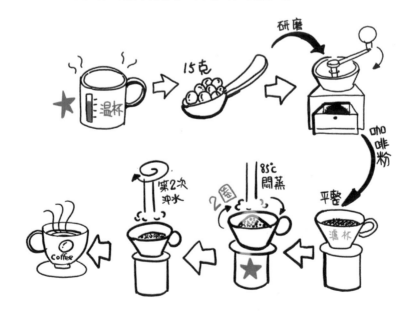

沖一杯好喝的咖啡時，「流程」很重要。

相同的想做好一個工作，「工作流程」也是關鍵，流程就是：

一個步驟連結下一步驟
一個概念連結下一個概念

你可以利用視覺筆記，畫一張圖，把複雜的流程畫出來，這樣就可以幫助你思考中難纏問題的解答，幫助你走出思考的迷宮。

步驟流程就是時間觀，也就是將一個工作流程進行時間上的安排，泡咖啡這樣簡單的工作可以視覺化，而：

會議討論
工作規劃
SOP

當然也能運用同的方法視覺化！

請掌握視覺筆記的下列時間思考重點！

每步流程都是一個圖像節點。

每個節點就是一個概念。

每個節點就是一個工作精簡的視覺呈現。

每個節點都會連結下個節點。

每個節點都可以是個選擇點，決定下一個步驟走向。

讓思考活化，就是把概念與概念間、步驟與步驟間組合起來。

記得有一次我去幫某家企業 HR 主管做一天的視覺課程培訓，其中一項練習就是將上班的一天視覺化，練習完後我們將作品張貼在牆上。

大家對同事們的一天怎麼過的非常好奇，在看作品的時候大家笑聲不斷，不只看到別人一天中做些什麼事，更關注他是怎麼畫的，總結的時候，我們一起得到幾個有意思的結論：

1. 視覺化不僅看到大家做什麼，更能看出是怎麼做的！

2. 看圖就能知道對方的思維，知道他思考的面向與邏輯。

3. 同樣的工作，不同的人卻有不同的流程。

4. 生活是有趣的，而工作是無聊的，視覺筆記卻讓工作規畫更有趣！

很多學員說到，若將視覺應用在員工手冊中，將一堆枯燥文字轉換成視覺，相信大家更願意看，也看的更懂！

培養「空間」的圖像思考力

> 如果你要創造令人精神舒暢的空間的話，那你就得考慮各個物體結構之間那些空著的地方。
>
> ——建築師貝聿銘

你在哪裡？不管你在哪裡，這都是空間的概念。

空間是另一個我們思考的面向，還記得我們每個人都有一個問題被問過很多次：「你現在在哪裡？」尤其是青春戀愛的時期，每次通電話總是要問這樣的一句問話，這很正常，因為空間、位置本來就是我們會關心的。

但是，文字或語言，有時候很難把「空間」這個我們關心的話題說清楚。

讓我舉個例子，先試著將我的房間擺設，用「文字」介紹給你吧！

我的房間從入口進去左手邊是衣櫥，然後會看見我的床橫擺，再過去就是我的書桌，我的書桌旁有三層抽屜還有個電子防潮箱，我的書桌後面擺的是書架，旁邊有開一扇窗，接著另一邊牆還有個五斗櫃放我更多的衣服，這就是我的房間。

各位這樣清楚我的房間了，接著換你了，你可以將你房間的空間擺設說給我聽嗎？很難說清楚嗎？

是的，光用說的或用文字描述，很難讓別人知道我的房間是怎麼規劃、佈置的，最好的解釋方式就是，沒錯，就是用畫的！

畫一張房間空間圖，放入剛剛的衣櫥、床、書桌、等等物件的位置，相信這樣的一張圖一定能解釋的很清楚，而且，我們畫的圖可能比例不正確、位置不夠精準，甚至在說明過程會修修改改，但是這些都依然能幫助我們解釋，並讓別人了解。

> 畫個圖就能幫助我們理解「空間」，不一定要美或很精準，這點非常重要。

再分享個例子給各位。

有次我去廣州上課時在住宿旅館看見介紹台灣自助旅行的書，是一本插畫旅行書，書中介紹他們來台灣走的行程，去過的景點、吃過的美食，因為是圖文書覺得非常可愛，就拿起來翻閱，他們在每天都有一張行程安排圖，像下圖這樣地點、箭頭、地點以文字順序形式串連。

下飛机出机场 → 台灣銀行兌換新台巾

→ 旅馆check in·放行李 → 台北

故宫 → 士林夜市 → 新北投溫泉

摘錄至「8天8夜台灣
環島自由行」一書

其實這樣的行程安排呈現很常見，但是我想像一下，如果我不是
台灣人，我沒來過台灣，這樣的行程呈現會有什麼不足？

這樣一想我就發現了，這樣的呈現方式，缺少了空間位置關係！

空間位置重要嗎？當然很重要，因為關係到時間的安排，萬一這
景點之間來回拉車不就很浪費時間嗎？我可不想一直都花時間在
交通上，所以如果能將上面的順序形式轉成空間位置呈現，就完
全不一樣了。

怎麼做？下面我就以自己旅行時的空間圖像筆記計畫，來跟大家解釋。

2015 年 7 月份，我們做了一趟家庭旅行，帶著女兒前往北台灣玩 5 天 4 夜，整個行程預計去拜訪九份、金瓜石、宜蘭、羅東、台北動物園。

我們做了一張初步的旅行視覺記錄，各位請看下一頁，這張視覺記錄表現出每個景點的特色，也記錄了我們的行程順序，台中出發，然後經一高到基隆，然後走濱海到九份，用餐、逛街，然後夜宿金瓜石，然後….

這是一種單以「時間」順序做的視覺筆記，但這樣的方式感覺似乎少了什麼？

原來是缺少了「空間」的思維，所以我沒辦法想像自己真的跑一圈北台灣的感動記憶！

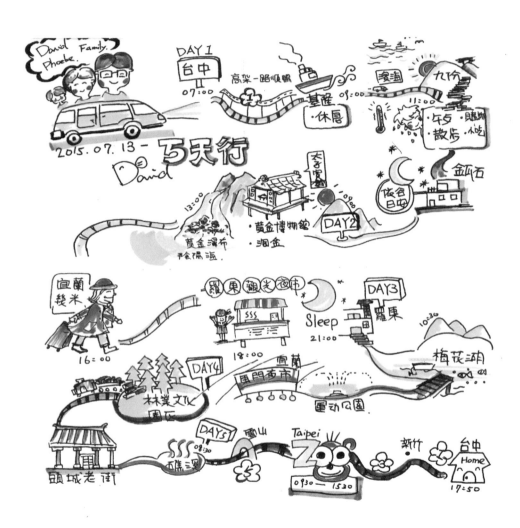

加上空間思考的筆記就是不一樣！

於是我就再做了一張完全不一樣的視覺筆記，這次就從空間的方式來記錄，有台灣的縮小地圖標註城市位置，有交通路線對應位置，雖然比例不正確，但在空間上確實能有個整體概念，這趟旅行的空間關係在筆記上就看的非常清楚了。

「時間」與「空間」思考，這兩種視覺筆記可以做一個整合，有景點特色的圖像，有時間觀同時有空間觀，加入空間更容易看出彼此的關係。

「空間圖像思考」的特點很適合用來找出整體脈絡，如果你的視覺筆記需要了解位置、梳理彼此間的關係性，例如市場定位、戰略布局、人脈地圖等等，都很適合空間觀的使用。

借用德國哲學家恩格斯說的話作為結語：「一切存在的基本形式是空間和時間，時間以外的存在和空間以外的存在，同樣是非常荒誕的事情。」

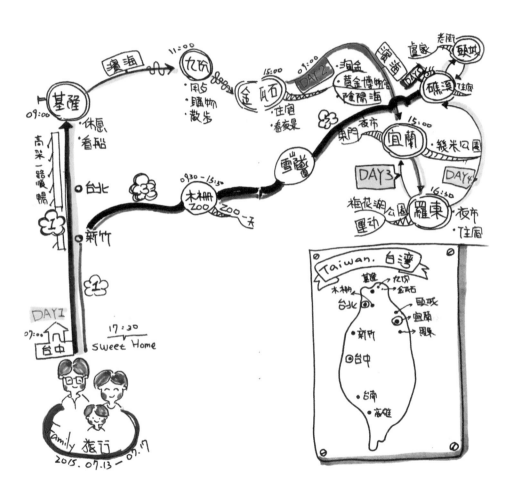

培養「因果」的圖像思考力

因果是一種推理過程，推敲事件發生的原因與產生的後果，這也是人類經常思考的推演模式，口語表達就是：

因為…所以…

這樣的表達方式非常有用。

人類對「因為」是有心理上需求的，哈佛大學心理學家艾倫．蘭格在 70 年代進行了一系列實驗，在影印機排隊的人龍中要求插隊，問排在最前面的人：「不好意思，我只有 5 頁要影印，可以讓我先印嗎？」很少人會同意。

接著實驗組則同樣去插隊，但這次加入一個理由：「不好意思，我只有 5 頁要影印，你可以讓我先印嗎？因為我趕時間。」這時幾乎每一個人都會同意讓她先印。

最後她還進行令人吃驚的實驗，一樣要求插隊，這次問：「不好意思，我只有 5 頁要影印，你可以讓我先印嗎？因為我想要影印。」同樣的幾乎每個人都同意了！由此可知，人們多麼渴望得到一個理由。

因果思考，在視覺筆記的表達有點類似「問與答」，這是一種將自己腦中推演過程視覺化的呈現。

這裡分享一個真實的工作案例，這是常見的工作排程，主角是位粉領族，她的名字是 Lotus，她的眾多工作之一就是要安排講師的課程與時間，這是件繁瑣又細節多的工作，請想像一下，若是 Lotus 時間錯誤造成讓課程銜接不上，會發生多嚴重的問題！

這次她要安排三個人的教學行程，有國內、國外、接送機、兩人配合等多重組合，行程複雜、緊湊，其中 David 有一天下課就要立刻趕飛機，因為隔天還有課程，讓我們一起來看看這 5 天的行程。

David 週日早上有個重要會議在南投，下午回台中參加品思學生班成果展，因為教具都放在 David 車上，所以 Dvaid 必須 12:00 前抵達會場；週一下午 4:25 分飛機從桃園飛深圳，7 點晚餐與客戶約在餐廳開教學會議，之後回旅館（需預定）；週二 9:00-17:00 進行地產公司企業內訓，17:00 必須離開趕 19:35 飛桃園機場的飛機回台，派車接機前往隔天課程的渡假中心住宿一晚；週三 10:00-17:30 進行藥業公司企業內訓，課後派車前往桃園高鐵站，David 前往台北住宿一晚，週四參與一重要課程會議。

Phoebe 26 日（週日）與 David 一同參與南投會議，下午回台中參與品思成果展，周一下午 2:45 分飛機飛成都，抵達後直接前往住宿旅館；接著兩天進行電信公司 2 天的企業內訓；隔天從成都飛深圳再接著兩天公開課，最後回台灣。

Lotus 26 號（週日）早上有場分享會，下午趕回參加品思成果分享會，週三早上搭高鐵前往桃園，9 點與 David 會合進行課程，課後回台中。

關於行程安排最常見就是這樣的文字描述，好一點的就用條列式，再屬害一點人就會甘特圖來整理，而貼心的 Lotus 更棒，為我們大家畫了一張視覺行程安排。

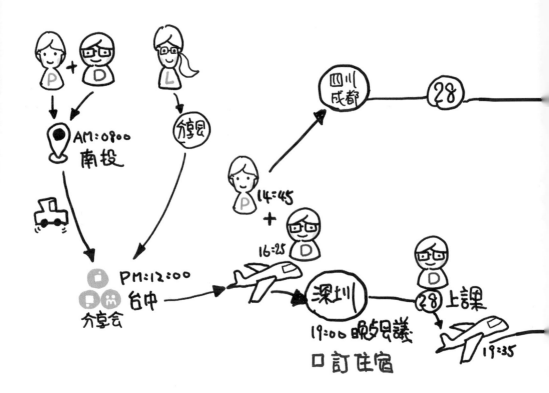

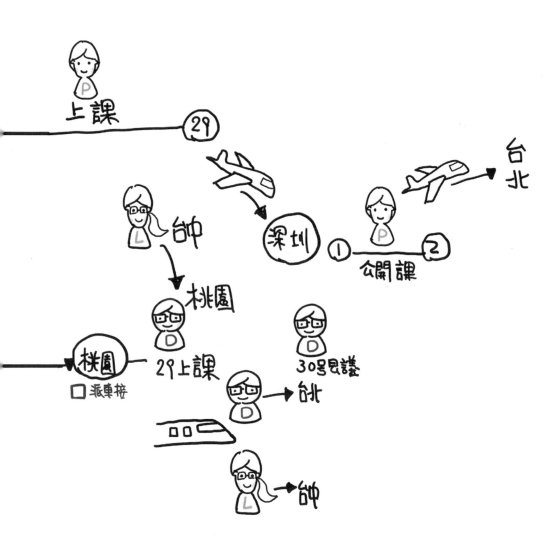

前面這張視覺筆記，我們三個人的行程安排更清楚了！因為時間、地點，與因果的移動也被放進視覺筆記中，三個人的工作配合因果關係，行程同步化也更清楚，因為能清楚看見彼此的位置、工作與相關性，Lotus 順利排好這次 5 天行程點複雜、緊湊的安排，我想 Lotus 在腦中應該會經過以下這些的因果思考。

前後次序也有其因果關係，有前面的因才有後面的果，先發生的事會影響後面的事，因為教具都在 David 車上（因），所以 David 必須在 12:00 先到會場（果），才來得及佈置場地。

27 日 Phoebe 周一下午 2:45 分桃園飛成都，同日 david 4:25 分桃園飛深圳，Phoebe 比 David 航班還早 2 小時，可以一起搭車去機場，David 在機場玩一下，不！是好好看看書：交通部分，有高鐵或是巴士，搭高鐵從台中到桃園只要 50 分鐘，比搭巴士 2 小時快，但費用比搭巴士貴 2.5 倍，以上這些就是比較性的思維。

理性的推敲過程，因為－－所以的具體呈現，因為 29 日（週三）
david 在台灣有課，所以 28 日得回到台灣，於是 28 日當天的課
必須 17:00 準時下課，趕 19:35 的飛機。這樣的推演是因為有個
必要實現的條件，所以其他安排必須符合這個必要條件來進行。

經過排序、推演、比較之後接著就是選擇了，這些思維都是幫助
我們進行判斷與抉擇，因為選擇的不同，結果也就不同，在視覺
上每個選擇都會是個節點，也稱為選擇點。

現在我們已經講完三種視覺邏輯：時間、空間、因果。

下面章節，我們要開始用有方法將思維轉換成視覺筆記了！只要
在筆記前先想一下，這個資訊是屬於哪一個邏輯關係呢，或用哪
種關係表達會更適合，然後選擇適合的呈現形式，視覺筆記就不
會只是一種圖像流水帳了。

Part 4

跟著我這樣畫！
活用 17 種
視覺筆記模板

『』不同的佈局，就是不同的思考。對於不
敢動筆畫的朋友，只要懂得掌握這些思
考與視覺模板，那麼要畫出視覺筆記，
要掌握圖像思考，就再也不是難事。

── David 盧慈偉

時間、空間、隱喻模板

推理論敘的佈局

拆解變化的佈局

聚焦核心的佈局

架構全體的佈局

腦力激盪的佈局

激勵動力的佈局

不敢畫？那就套用視覺筆記版型

布局，就是將視覺元素有條理的放到紙張上。

幾乎每個學員看到一張空白的紙，通常的反應就是不知該如何下手，這是非常正常的情況，因為擔心一下筆就毀了一張好好的白紙，通常初學者在做視覺筆記時，因為不懂得如何佈局，導致下筆會很猶豫。

但很有趣的現象是，如果要畫的紙是一張餐巾紙，幾乎每個人都能馬上就畫了，馬上就有很多有趣的點子。有個跟餐巾紙有關的故事，就是西南航空當初構想的三點航空，就是畫在餐巾紙上。我們要學會的，就是勇敢地在白紙上開始畫圖。

而如果一開始還是不敢下筆畫，沒關係，那我們就從「套用模板」開始。

做料理需要好食譜,做視覺
筆記也需要好的模板。

因為大家擔心畫得不好，加上不知道該從何開始，因此我將各種
布局整理成後面這張圖，希望給大家一個可依循的方向。

基本上我們常常運用的視覺筆記佈局可以分成三大類：

後面這張圖就是我提供的 17 套視覺筆記模板，接著讓我們一起
看看這些版型可以用在哪裡？怎麼用？有什麼要注意的地方？

練習套用六種 「時間軸線」筆記模板

正敘模板

形式：
由左而右的視覺筆記，可直線進行，也可以曲線進行。

適用：
最自然的視覺版型之一，符合西式閱讀文章的方式。另外是考慮
配合展示空間與橫式紙張使用。

注意：
單純橫向移動容易流於呆板，所以使用曲線或設計情境會更好。

特殊應用：
從空間來說，左邊是過去、右邊是未來，便是從過去走向未來。

階層或成長模板

形式：
由上而下或由下而上的視覺筆記，可直線進行，也可以曲線進行。

適用：
由上而下適合流程與階層關係；由下而上有成長、生命力的暗示。
另外配合直式紙張的使用。

注意：
筆記進行時，紙張上下移動較不方便；但使用 iPad 繪製就很方便
了。

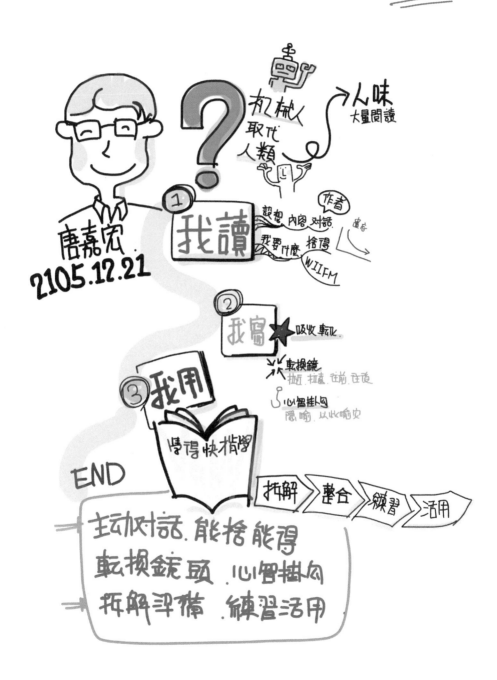

爬升或降落模板

形式：

斜對角形式進行筆記。

適用：

這樣的版型適合線形流程筆記，適合在 A4 紙張上使用， 斜上概念表達上升；斜下有減少的含意。

注意：

較缺少變化。

品思開課前30分SOP
0830
TEAM
教室
10分
play
MUSIC
Jazz~
check
•佈置物
•用具
0840
cofee
0845
OPEN
WELCOME
09:00

變化曲線模板

形式：

由左至右，以 S 曲線路徑依時間進行筆記。

適用：

這樣的版型適合資訊量多的筆記，一般由左上角開始曲線而下，
S 曲線的每一個轉折可以象徵一種變化與改變。

注意：

上下圖像之間的位置若太近，資訊容易混淆。

尤其面對複雜且問題點多，或
是轉折點多的紀錄時，善用變
化曲線模板，可以幫你更好的
整理出視覺筆記。

8頁小書

帶大家 Step by Step

三日計畫...update 3次

蝌蚪 + icon
工作分類
批次處理
[亭动清單]

□先□ Meeting

10/15 10/16 9/15
早
中
晚

share

每天都有課
每天專心做好一件事

陸生

決定下一步行动
只要 10 sec
很多人做不到

David GTD
Allen.

每年的事 很多啊～

訊息入口: 干擾源

Point 2

N. E. W.

Note Email Wechat

PS : 跟一流人學習

誰談
重要的事情
不能明天做

行事曆 .Google
.365日曆.
Tool One hot

vs

風格

1-3 5-7
·找到青蛙. 蝌蚪
·培養自己能力
·堅持練習

END...

這世界終究很「資訊組成者」宰制。

資訊曲線模板

形式：

由上至下，以 S 曲線路徑依時間進行筆記。

適用：

這樣的版型適合資訊量多的筆記，由上而下閱讀，適合橫式紙張，S 曲線的轉折可以象徵一種變化與改變。

注意：

上下曲線不宜太長，因為人眼睛生理結構是橫式的，所以不適合用在直長條紙張呈現，另外在加上資訊時，會有點空間安排的難度。

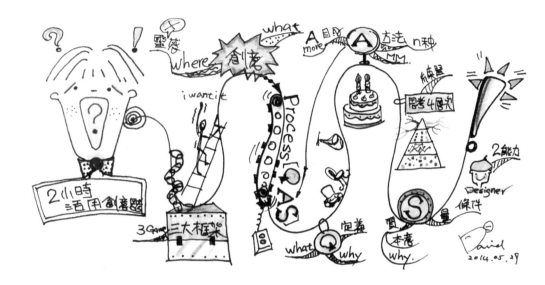

創意或聚焦螺旋模板

形式：
可以由內而外，或由外而內的螺旋形。

適用：
由內而外是一種擴散與漸進的概念，很適合在創意主題。

適用：
而由外而內是一種聚焦的概念，適合用在發掘核心、探索內在的主題。

注意：
螺旋形，版面較不容易安排資訊。

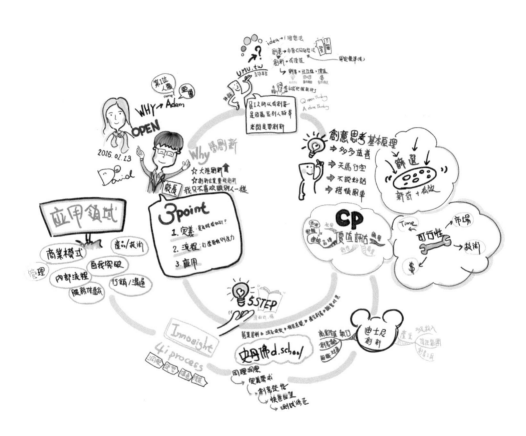

練習套用六種「空間領域」筆記模板

接點結構模板

形式：

在空間上做結構性區隔。

適用：

由一個重點連接到另一個重點，有清楚的脈絡結構，容易看見資訊重點的相關性或連結。

注意：

在紙張空間安排需先規劃或多練習。

切割大綱模板

形式：
在空間上做主題區隔。

適用：
將空間切割來整理與區隔重點，適合有清楚大綱的演講或資訊，
適合主題式視覺筆記。

注意：
接近慣用的筆記方式，容易使用。

流程步驟模板

形式：

空間切割，上面橫式空間適合記錄流程，下面空間則可以將每個
步驟做詳細記錄。

適用：

適合簡單的幾個步驟記錄，有步驟流程，有每步驟詳細說明，是
個非常適合做較多資料整理的版型。

注意：

若步驟過多，使用這個版型，畫面容易太混亂

對於上課筆記，或是閱讀筆記的整理，因為通常有一個理論，以及每一個論證步驟的細節，就非常適合用這種模板來整理出你的視覺筆記。

矩陣表格模板

形式：
4 格矩陣

適用：
1. 起承轉合的 4 格故事
2. 各種指標矩陣的定位與分析，例如 SWOT 分析等

注意：
特定的用途，通常用在品牌或產品的定位，可以清楚比較資料間的關係，在視覺筆記中經常和其他模板搭配使用。

心智圖模板

形式：

心智圖，放射狀結構

適用：

心智圖有思維擴散、邏輯整理的架構，很適合用在討論、會議、
輔導、考試等資料量多，且分散需要有效邏輯整理的筆記。

注意：

心智圖整理資訊很好用，但不容易看見思維的脈絡流動，不宜單
用要整合使用，另外心智圖有重要技巧，錯用便失去心智圖的價
值。

腦力激盪模板

形式：
概念聯想圖

適用：
概念不斷發想的串連，只要想到什麼就可以記錄上去，非常適合
腦力激盪、對話式等場合，不必在意邏輯架構與分類，只要關注
想法不停的聯想。

注意：
資訊架構比較混亂，不容易看出邏輯脈絡

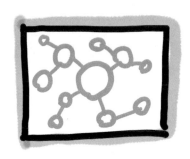

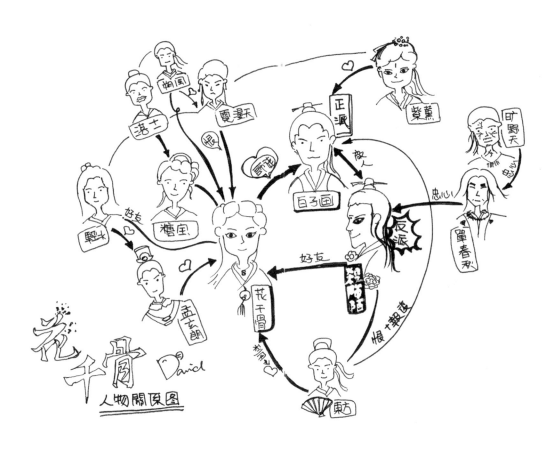

練習套用五種
「隱喻意義」筆記模板

旅程模板

形式：
旅行隱喻圖

適用：
探索未知就是一場冒險，在這張模版上，幫助我們從出發點釐清
現況，走向目標去探索需求，同時思考這旅途該如何到達，應該
做什麼事；適用各種規劃、企劃與構想。

注意：
善用你對旅程熟知的各種隱喻場情與情節。

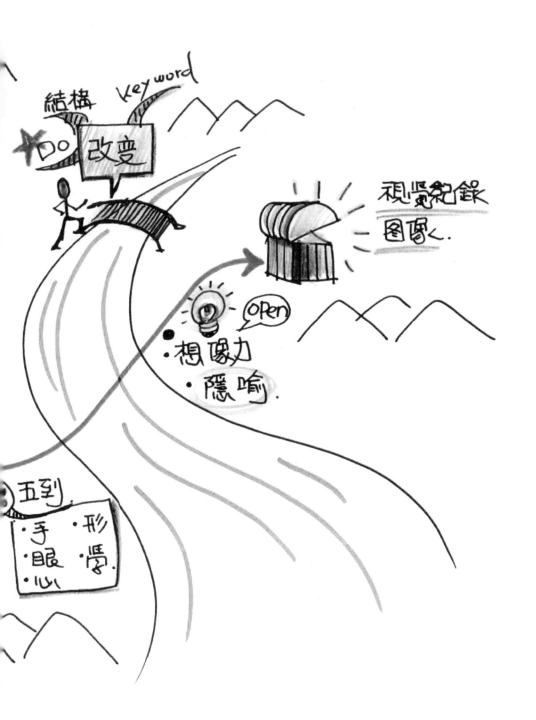

形式：
打勾隱喻圖

適用：
從小學打勾就是答對的符號，長大這種 YES 的暗示依然很重要，
這條路徑形式從起點到目標，有個轉折點，暗示著突破，然後一
路爬升，非常適合提案、說服、企劃使用。

注意：
轉折點是低谷也是改變的起點。

一個特殊的起伏動線，最終歸結到上升，隱喻了
問題得到解決，或是想法得到清理的過程。

命中目標模板

形式：

標把圖隱喻

適用：

是一箭正中紅心的版面設計，紅心是目標，靶圈由外至內表示不
同階段或是面向，與黃金圈、金字塔結合也很合適。

注意：

在視覺筆記中搭配使用更好。

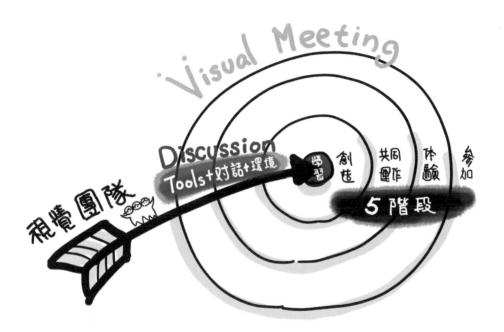

生命生長模板

形式：

植物生長隱喻

適用：

一種生命、生長、誕生的暗示，適合用在新產品、新觀念、新價值的主題，每片葉子、果實都可以是一個重點資訊。

注意：

植物的莖剛好是視覺動線的引導。

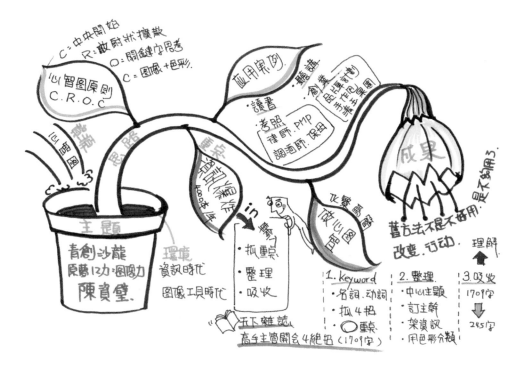

對話主題模板

形式：

第一人稱主題式對話

適用：

有個真實或虛擬的主角，做第一人稱觀點表達與主張。

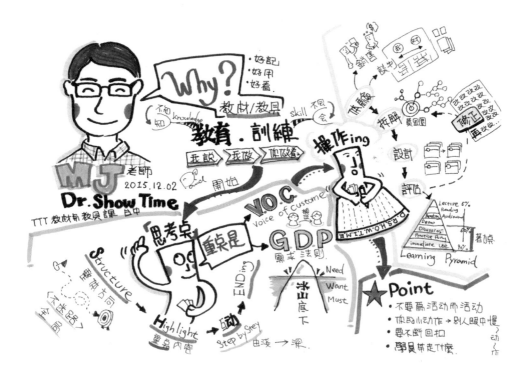

Part 5

解決各種
工作與生活問題的
視覺筆記！

> *視覺筆記是生活與工作上有幫助的筆記方法，透過視覺記錄，許多真實問題可以找到更好的解答，獲得更高的昇華。*
>
> —— *David 盧慈偉*

跟著我一起這樣畫視覺筆記

說一萬次,不如自己做一次。

這句話說的真是太貼切了,我們學習到這裡,視覺筆記該講的基本重點都講解完了,你也很認真的學到這個單元,給自己掌聲鼓勵一下。

那麼我們就來實戰幾種常見、好用的視覺筆記吧!例如:讀書、聽講、開會、旅行、看電影、規劃、心情等等,都可以用視覺記錄,製作出更有創意的視覺筆記,下面我就一一跟大家分享怎麼做?

視覺筆記需要的兩種筆

俗話說：工欲善其事，必先利其器，我想應該有些朋友不是很熟悉視覺工具，所以我想先分享常用的視覺筆記工具。

首先是筆，我常用的筆有兩種。

第一種是「代針筆」，我用 0.8 公釐與 0.3 公釐這兩種粗細的筆，代針筆品牌很多，價錢約在 40-80 元不等，我常用的是 uni 三菱的代針筆，因為他的 CP 值高。

第二種是上色的「水性彩色筆」，我選的品牌是馬培德（Maped）彩色筆，因為他有三角形的筆頭，可以畫出細、粗兩種線條。

另外紙張的部份使用一般 A4 影印紙，加上硬皮空白內頁的筆記本，首推當然是 MOLESKINE 筆記本，以上的工具不是絕對喔！當你進入視覺世界就會開始變成「文具控」，你會慢慢探索出自己喜歡、適合的工具。

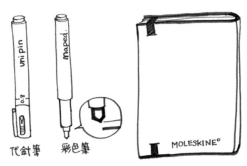

代針筆　彩色筆

畫出視覺筆記就用這六步驟

介紹完工具，接著我們要了解一下視覺筆記到底都記了些什麼？最快了解的方式就是「逆向工程」，我們直接拿一張視覺筆記，然後解構它，看它是有哪些元素在裡面，我們可以發現一張視覺筆記包含以下元素：

主題圖像
標題
文字
對話框
箭頭（聯結）
符號
簽名

而這些元素，則是經由下面六個主要步驟畫出來的：

1. 畫出主題視覺圖像
2. 寫上主題名稱
3. 抓出關鍵字重點
4. 把關鍵字轉換成視覺
5. 讓觀點串連
6. 重點再度強調

跟我一起拆解這張視覺筆記

下面這張視覺筆記，內容是在講述「做視覺筆記的技巧、應用與優點」，就讓我們用六大步驟，來看看我是怎麼畫出來的？

視覺筆記
Step by Step

基本上視覺筆記是由以下 6 個步驟逐步完成，1-2 步驟是畫出主題，3-6 步驟是抓出重點、轉化成圖像、觀點聯結、重點強調，會以循環方式進行，這 6 步驟各位親自做一次就會用的更自然了。

Step 1

畫出主題視覺圖像

主題視覺圖像是整個筆記最重要的一個圖，也可能是最大的一個圖，它代表這張筆記的主題與精神，在開始做視覺筆記之前，你可以花點時間先將主題完成，通常我會從這些角度來思考：

1. 人物圖像（寫實人物、通用人物）
2. 文字設計
3. 相關圖像與景物

像是這張視覺我是以寫實人物為視覺主圖，代表這是這個人所闡述的觀念與方法。你們看，這個人像誰呢？其實就是我自己在講述怎麼做視覺筆記的意思。

Step 2

寫上主題名稱

主題就是要將字寫大一些，一眼就很明顯，所以請使用麥克筆粗頭來寫，可以直、橫，或是與主題視覺圖像結合。

這張視覺筆記的主題在講「圖像」，所以我想了「image」這個關鍵字，然後跟前面的主題視覺圖像設計結合在一起，彷彿是從手上拋出 image 這個主題。

Step 3

抓出關鍵字重點

做視覺筆記首先是要從一連串的文字中擷取出重點，才能將重點轉換成圖像，那麼該怎抓出重點呢？

已經習慣全部將文字記下的我們，一開始要抓出關鍵重點實在很不習慣，這時候可嘗試列出「關鍵字」，把想要紀錄的最重要的關鍵字排列出來，看看自己是否可以理解，如果可以，表示關鍵字選的很洽當，若不理解，那可能有重要訊息的關鍵字還沒被選出來。

Step 4

把關鍵字轉換成視覺

將重點文字轉換成圖像，這點我們在前面的圖像章節已經做過很多練習！
如果忘記可以翻回去複習一下。

重點是，如果要呈現的具體物體，就可以用簡單的基礎形將它畫出來。

如果是抽象的概念，例如：幸運，就可以進行聯想，聯想方程式就是，「想
到 ＿＿＿＿＿＿，你會聯想到 ＿＿＿＿＿＿。」像是想到幸運我會想到中樂透、收到
喜歡的禮物、幸運草等等。

Step 5

讓觀點串連

用視覺的呈現進行概念的連接，常見的手法是使用「箭頭」，接起前因後果，或是順序關係。

這張視覺筆記使用線條串接兩大單元，形成一條線，這條線會引導我們的眼睛，沿線的路徑來閱讀，其實觀點串連就是串接思維脈絡，形式非常多元，在後面隱喻單元會有更多說明。

Step 6

重點再度強調

有幾種方式可以強調出重點：放大、粗線、加上陰影、創造動態的感覺。

這些方式都可以將重點強調出來，一張好的視覺筆記會有好的輕重平衡，也就是有部分強調、部分是放輕，有粗線、有細線，有大圖、有小圖，在加上適度的留白空間，這張視覺筆記就很具吸引力了。

把讀書心得畫成視覺筆記

看書是一件很開心的事，因為我很喜歡看書，看的書種類也很雜，工具書到小說都有，我經常邊看書邊畫重點，也同時會做視覺筆記，這樣做有什麼好處呢？記得品思的同事恬嘉跟我有過下面這樣的對話。

「David 老師，看你經常做視覺筆記，那你會將所有重點都畫下來嗎？」

「嗯，我做筆記會依不同需求，如果是做知識性的整理，那我會記錄比較多的重點知識，例如專有名詞、步驟等等…；那如果不是要整理知識，我更多會做心得的筆記，將文章整體了解後，以自己的想法重新整理一次，這樣收穫反而更多。」

「那你的筆記都記在一張紙上嗎？記得下嗎？」

「對阿，基本上我是以一張紙為單位，一張紙記錄一篇視覺筆記，但記錄內容可以是一篇文章，也可以是一本書，如果內容真的很多，我會用心智圖幫我整理知識，或者拆單元，把一本書分成不同張視覺筆記。」

「那你做筆試是邊看邊做，還是先全部看完再做？」

「哇 .. 這是好問題耶！我想想，我好像基本上是邊看就邊做了，

有時候也會往後翻，看看作者的思維架構，再來做我的視覺筆記，所以應該是以邊看邊作筆記為基礎，輔以快速瀏覽全書的技巧，我是這樣做的。」

「那你做文章類、書籍類的視覺筆記，都是以文字重點、箭頭符號為主嗎？」

「當然這樣做讀書心得的視覺筆記是最容易上手的方式，因為這種形式很符合人類思維推演的過程，所以很好用，也很容易用，但不一定只能這樣做。」

不只用時間線性，還要學會用空間矩陣整理心得

一般視覺筆記都是以「時間序列」為基準，因為我們生活在時間流動的世界中，凡事有變化都是隨著時間而動的，所以80% 以上的視覺筆記都跟時間有密切關係（前文有提到，所謂的時間，也可以指流程）。

時間架構就像閱讀的順序由左而右，由上而下，這是一種流程、步驟的視覺筆記；但因為文章已經印出來了，閱讀順序可以由我們決定，那就不會受限於時間序列的作法，可以加入更多整理思維的工具，例如：矩陣、心智圖、表格式等…。

話說，讀萬卷書不如行萬里路；看別人做一萬次，不如自己做一次，因為體驗是最好的學習，只要自己做過一次，很多觀點就更能融會貫通了。請讀者來看我做個示範練習吧！

接下來,我想用《早上最重要的 3 件事》(作者張永錫)這本書裡的一篇文章「FAST 4 部曲 - 成為每天都高效的人」為例,當我閱讀該書的這篇文章時,我如何畫出像是下圖這樣的視覺筆記呢?請看我一步一步拆解給大家看。

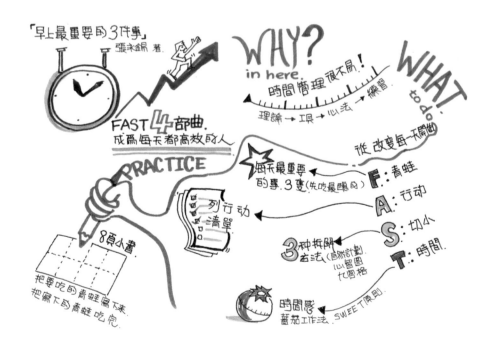

畫出主題視覺圖像

這篇文章主題是「利用 FAST 四部曲成為高效率的人」，由於是時間管理，又期待成為高效的人，所以我找到幾個關鍵字「時間」「高效」「人」，我將這三個關鍵字合起來設計成主題視覺圖像，3 分鐘就能完成。

時間：時鐘，這個是我們對於時間最熟悉的物品了。
高效：在工作上，效率就是一條提昇的線，所以我畫了一條向上提昇的折線，為了強調高效，所以我選擇使用紅色。
人：為了表示逐漸進步，所以我將人物安排在折線上，有努力向上提昇的含意。

Step 2

寫上主題名稱

畫好主題圖像，接著就是將題目寫上去，這篇文章出自「早上最重要的 3 件事」這本書，所以我將書名寫在最上方，用位階來表示關係，並寫上作者名；接著是文章名稱「FAST 4 部曲 - 成為每天都高效的人」，因為是講 4 個步驟，所以我特別強調「4」這個數字。

Step 3

抓出關鍵字重點

Step 4

把關鍵字轉換成視覺

Step 5

讓觀點串連

接下來，我們就是要在文章中抓出重點，轉成視覺，並做觀點上的串連，這幾個步驟是一種循環，通常是連貫一起做的。

以下，就是我分別抓出這篇文章的幾段重點，然後分別轉換成不同視覺記錄。

我閱讀該文時，文章一開始就問到「為什麼來學時間管理？」，我就做了一個由「WHY？」為開始的視覺，然後文章有一個故事表示時間管理很不容易，於是我記錄上「時間管理不易」。

另外文章裡提到時間管理的學習順序是：「了解理論」、「應用工具」、「掌握心法」、「持續練習」，持之以恆，要「從改變每一天開始」。我認為「理論」「工具」「心法」「練習」是有順序性，所以我用箭頭將他們連結起來，另外因為也是時間管理，所以我加上一個弧形帶有刻度的線，有象徵時間的含意，簡單又有含意。

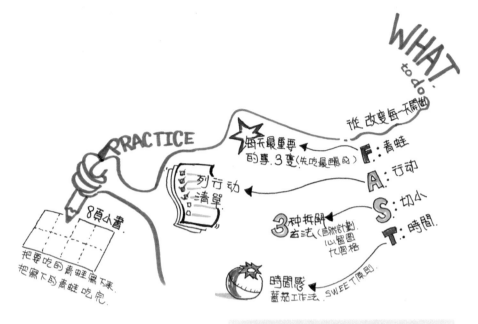

該文章接著解釋了 FAST，這四步肯定是超級重點：「F：青蛙」、「A：行動」、「S：切小」、「T：時間」，接著作者開始一個一個解釋概念的意思，例如什麼是青蛙？所謂青蛙「最難但最重要的事」，於是我不只寫上解釋，還加了一個星星，其他部分我也根據作者說明，加上相應圖示來幫助理解。

Step 6

重點再度強調

同樣搭配上面這張圖來看，最後就是該文幫大家設計了練習，結合作者提供的 8 頁小書來整合 FAST 的練習，所以我畫了手拿隻筆在 8 頁小書上工作，表示這個練習是整合 4 步，並在 8 頁小書下方寫上作者要傳達的「把要吃的青蛙寫下來，把寫下來的青蛙吃完」，這樣我們的視覺筆記就完成了。

5-5

更有創意的重點摘要筆記實戰技巧

分欄式視覺筆記

同樣是前面一本書,如果想要更強調內容的整理,可以試試分欄式的視覺筆記。分欄就是一種很容易上手的資訊分類方式,將不同的資訊放到不同的格子中,適時的使用些圖像輔助,前面的視覺筆記,就可以轉換成下面這個樣子。

分欄式視覺筆記很適合結構清晰的文章,快點試一試吧!

全圖解的收斂視覺筆記

有些時候視覺筆記還可以做最後這個步驟，就是收斂整個重點成真正的一幅圖，下面這幅圖就是我為永錫老師的這篇文章畫的，這幅圖完全濃縮這篇文章的精華，換句話說，快速看這幅圖就能知道這片文章的重點內容，不一定需要很多文字也能獲得啟發。

這樣的一幅圖有什麼好處呢？如果你專案經理。想像一下一個重要專案，它能有這樣一幅重點濃縮圖，是不是能讓執行者、主管甚至客戶秒懂，立刻抓到全局觀與重點，讓老闆與客戶聽懂並印象深刻。如果你是企劃提案者，這樣一幅圖就會像是 GPS，指引你構思方向，同時在提案可以當開場，讓與會者知道你企劃大方向，在結束可以再次幫大家回憶重點。

最後套句老話，一幅圖勝過千言萬語，就是用在這時刻了。

該文章是教我們如何吃青蛙的，作者分成 4 部曲，所以很適合空間形式（4 格矩陣）呈現，我將青蛙畫在中間作為主題，接著就是將 FAST 分布在 4 個空間，我由左上角開始，因為這符合閱讀由左至右，由上而下的概念。這樣就將這一篇文章的重點濃縮了。

更多重點摘要的創意視覺筆記範例

3 分鐘問出你想要的答案

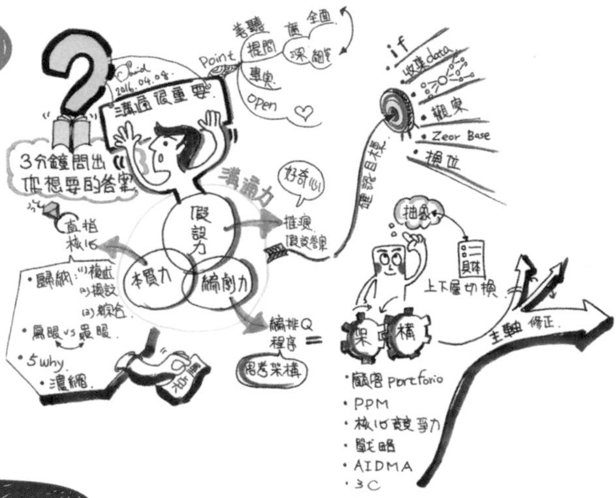

精實創業

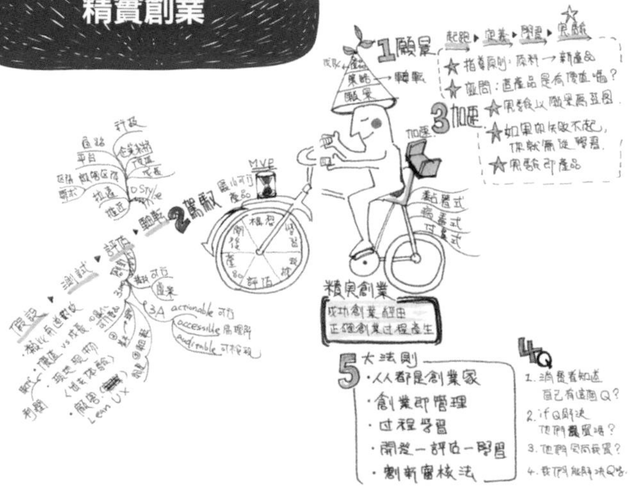

拆解與簡化

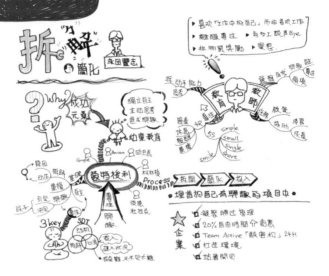

學得快，才會想學

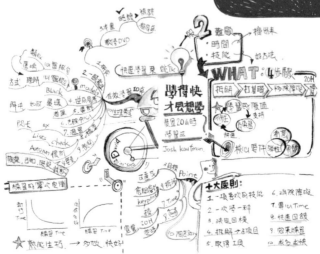

把上課與聽演講心得畫成視覺筆記

聽完一場演講,同時做好一張視覺筆記,這類的筆記我們稱為「視覺口語筆記」,這應該是視覺筆記中難度較高的,因為要一邊聽,同時在內容中抓出重點,然後再思考如何轉換成圖+文字,又最好還能有「隱喻」,這完全考驗我們抓重點與理解的能力,這樣的口語筆記有聽講筆記、會議筆記、溝通筆記等。

下面我就以自己去聽品思學習中心創辦人陳資璧演講的「青創沙龍 #25 創業職涯圓夢十二力:圖像力」,以及當下我所做的視覺筆記,來跟大家拆解我的執行步驟,同樣是根據前面所說的六個步驟,這次讓我們把他們更融合在一起做利用。

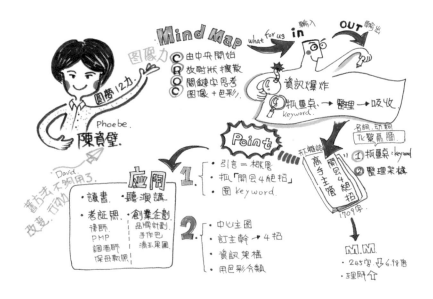

首先我們早知道要去聽的演講主題：「青創沙龍 #25 創業職涯圓夢十二力：圖像力」，同時也知道主講者是品思學習中心創辦人陳貞璧，可能的話我們早點到達會場，先將主題視覺圖像完成。

我有幾個設計主題視覺圖像的習慣：

位置：主題視覺圖像的位置，有兩個地方是我常選擇的，左上角或是中間，這次我畫在左上角的位置，因為我採用時間概念來記錄。

主圖：這次我使用主講人作為主圖，我可能會看看演講場地是不是有主講人的照片，或者直將上網搜尋主講的人資料，用簡單的線條描繪出人物，這樣的人物線圖很快就能完成。

主題：圓夢 12 力之圖像力，我將它拆成兩個部分，圓夢 12 力是一部分，圖像力是另外一部分，我用藍色書寫並放到手掌的位置，用來強調這場主題是講 12 力中的圖像力。

其他：主講者中英文名字，演講日期等等。

講者一開始介紹一種圖解工具「心智圖」，提出
CROC 四個簡單架構。接著提到心智圖能帶給我們
什麼幫助呢？首先就是將外界資訊有效的吸收，一
般人會接收資訊有幾個難處：資訊爆炸、抓不到重
點、不會整體、無法吸收。

從 Mind Map 我使用箭頭連結到一個人，再寫上 in
與輸入的文字，用來呈現資訊的輸入，然後這個人
一手拿著炸彈（資訊爆炸），抓重點、整理、吸收，
我理解這是一個一連串的影響過程，所以我將它轉
成正向資訊，然後用箭頭連結呈現流程關係。

接著講者開始進入演講主題，她首先提到天下雜誌的一份研究報告，說明高手在整理辦公室開會資訊時的技巧，利用心智圖可以快速濃縮資訊量。接著講者提到如何抓住重點與整理架構的步驟技巧，還有各種應用案例，我就依序一一記錄到視覺筆記中。

最後講者做了個結語「舊方法不是不好用，而是不夠用」，我們其實還沒善用心智圖方法，圓夢需要改變的行動力。於是我將這結語濃縮寫下來，並加上一架紙飛機飛向主講者，作為這張視覺筆記的句點，完成筆記。

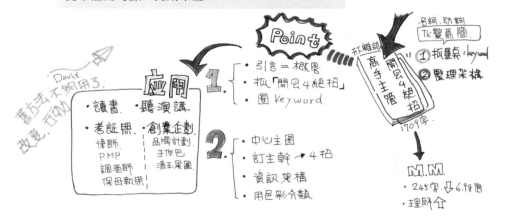

如果你覺得視覺筆記不容一眼看出順序，那麼下面這種視覺筆記就能有效幫助你，依照講者演講的重點加入編號來表示順序，這樣有加大的編號，在閱讀上就有非常清楚的順序，可以同時將小標題也框選出來喔！

加入心智圖輔助

如果你希望加速做視覺筆記的速度，那在視覺筆記加入心智圖技巧是很好的方式，因為條列文字還是比較多些的，可以透過心智圖架構幫助我們減少書寫的文字，同時有好的邏輯架構。

活用隱喻讓視覺筆記更清楚明白

隱喻，是幫助人們將抽象的想法轉成我們熟知世界的方法，為了讓你的視覺筆記能更有效，一個好的方式就是畫一個對你有意義的隱喻圖！這個圖的結構最好是你非常熟悉的，可能是結構良好、有步驟順序或有檢查關係的地圖，就像飛機駕駛，在飛行前要做很多的檢測步驟，來確定每個功能都正常運作。

例如你要記錄的筆記與建築設計相關，那麼你就可以從建房子的結構關係來繪製筆記，建立從地基、鋼樑、樓層、外牆等相關性的隱喻視覺筆記。你要記錄的是醫療相關筆記，那你可以從一個人體結構、器官相關運作機能、或是更功能器官間的相互關連系統來思考，當然我不是醫療專業，所以我所構想的人體結構可能只是個大架構，但這樣也就足夠了。

或者，這次視覺化的工作與製造業相關，工廠生產線的圖像就是很適當的隱喻流程圖，還有更多的可能，例如用植物來隱喻成長中的流程，一位攝影師的演講就可以用一串沖洗照片來呈現演講內容的順序，所以我們可以從生活的人、事、時、地、物，來設計更多的視覺呈現。

將這樣的隱喻圖放置你的視覺筆記中，能更有效率幫助你推演關係或記憶，因為這是你我熟知的真實世界結構！不要只會畫箭頭，我們還有更多具有隱喻的視覺方式來表達流程，讓我們將前幾節做的視覺筆記帶入隱喻結構吧！

想像作者就是魔法學校的老師，今天要教的魔法課是 FAST 4 種魔法，我的隱喻想法是這樣構想的：

F：青蛙，就是要找出每天的青蛙，在魔法課就是要變出青蛙來，於是我想就有一根魔法棒，碰一聲將青蛙變出來。
A：行動清單，行動就是開始施展魔法，於是魔法師從手中出現閃電開始進行魔法。
S：切小，這個蠻難想的，後來我決定使用魔法將東西變小，就用手指表示一個將東西縮小的手勢，加上箭頭表達的就會更清楚了。
T：時間，從手上灑出神奇金粉
最後就是練習，怎麼表示不斷練習呢？我想到從水晶球預見未來的概念，用這樣呈現未來學習的成果。

這樣加入魔法隱喻的呈現是不是更有趣了，更棒的是，當我們看見一個隱喻圖時，會聯想到文本更多、更深的寓意，加上每個人的解讀，這樣學習、記憶就會更深刻了。

隱喻武功祕笈

你看武俠小說嗎？每位俠客都曾經有一段奇遇，可能是一本秘笈、一位前輩，這張視覺筆記就是時間大俠，要武功有成必須從秘笈學會這 4 招 FAST，於是每一招都從秘笈使用箭頭連結。

第一招：F 青蛙，練武先要練眼，看見別人忽略的細節，將它放大，所以要先看見並找出青蛙。

第二招：A 行動清單，用毛筆寫下練武的重點心得，便是列出清單。

第三招：S 切小，揮刀練習使刀的力道，將青蛙切成一段一段的。

第四招：T 時間，就在蠟燭點燃、熄滅的瞬間，表示時間段落使用。

練習：武功要有成，必須不斷的練習揮刀。

我想看過這兩個角色之後，你一定能創造更多屬於你獨有經驗的角色，善用這些角色，將這些角色概念放進你的視覺筆記中，這不只是做視覺筆記時創意十足，看筆記的人更會回憶無窮。

隱喻冒險旅程的範本

問大家「你的夢想有什麼？」環遊世界、旅行通常都在前 10 名，很有意思對吧？所以我們每個人都對旅行有憧憬，想像一下當你踏上異國文化的土地，看見的都是新奇的事物，這是多麼令人熱血沸騰，我們每個人都有冒險犯難的精神，所以用一趟旅程來比喻是一件很美妙的方式，從旅程時間軸來看主要有三階段：開始—經過—終點，整個思考內容包含 5W2H。

主題：這張視覺筆記的題目
起點：現況步滿足的狀況，可列三點
WHO：相關的人，包括協助者
路徑：從起點到目標要經過哪些事情（What），如何到達呢？（How）
挑戰：每個旅程都會有艱苦的部分
目標：期望達到的結果為何？可以條列三項

你可以畫出類似我提供的範本，然後自己在空白處填入內容。

隱喻汪洋定位的範本

人生就像駕駛著一稍小船，行走在茫茫大海，時而風平浪靜，時而狂風暴雨。想到航海各位會聯想到什麼？冒險、尋寶、望遠鏡、海盜、海怪、孤島、暴風雨等…沒錯，隱喻圖就是希望藉由圖像的激盪，幫助我們進行思考性的聯想，而這張「航海隱喻模板」就是能進行「定位性」思考的模板。

船：指的是能力或是載體

煙囪：是動力也是助力

救生圈：在危急時救助自己的方案

海洋：分成兩部分，左半部是已知的現況；右半邊是未知的變數

望遠鏡：將遠方的事物拉近至我們眼前，代表願景與期待

海怪：是我們對未知的恐懼或風險

指南針：是方向的指引，象徵我們的理念與原則

孤島上的寶藏：目標、收穫與學習

隱喻植物生長的範本

植物有給我們有生命、成長、生機勃勃的含意，學習就是自我成長，同意嗎？所以植物的視覺通用性非常的廣泛，使用植物隱喻是簡單好用的選擇，讓我們來看看這張植物隱喻圖。

盆栽：是主題呈現的區域
土壤：表示環境與現況
水：是外界資源與助力
植物的莖：思路的呈現，可能順暢筆直；也可能彎曲不明；甚至可以中斷不通暢，整個莖的形狀就象徵著思緒的呈現。
葉子：重點的紀錄與學習
花：成果與收獲

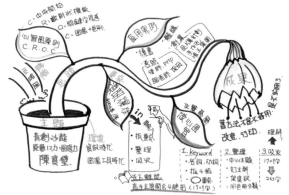

讓我們實際做個範例，使用這個植物隱喻模板進行視覺筆記，使用模板來進行視覺筆記有個優點，就是不必費心在畫面架構的安排，因為模板幫我們設想好了，若有更多內容，只要自己增加葉子就好了，是不是很棒！

把旅行日記製作成視覺筆記

做旅行視覺記錄，這是個令人開心的主題，將旅行的點滴以視覺方式記錄下來，每個人關注旅行的重點可能不大一樣，有人喜歡記錄吃了什麼美食，也有人記錄所見、所聞，也可以關注旅行的過程，等等⋯，旅行可以發掘的主題真的太多了。

各位還記得我們前面有看過，我 2015 年 7 月一趟家庭旅行，是前往北台灣玩 5 天 4 夜，這張旅行記錄是以行程為關注點，讓我來仔細說說這張視覺記錄的過程，這張視覺記錄是邊玩邊做的，每天回到住宿的民宿就用一點時間記錄當天走過的景點，還有景點的特點，就像寫日記一樣。

接下來，就來看這張旅行視覺筆記我是怎麼做的吧！

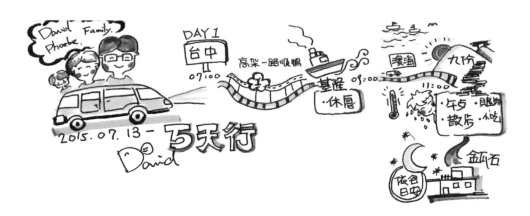

終於等到出發的那一天，我畫了休旅車，車上有我、我太太 Phoebe 及女兒安安，象徵著全家人，再畫個立牌寫上"台中" 07:00 出發，在國道 1 號上特地畫上高架，表示走高架路段，並加上文字「高架一路順暢」，這樣就清楚了，第一站來到基隆約 9:00，在港口邊讓 5 歲的女兒看看大船，也順邊休息一下，基隆是港口城市，一到就能看見各式船隻在港口內，所以就用輪船為表示圖像。

稍作休息後時間還早我們就經由濱海公路前往九份，九份是一個山中小鎮，很著名的有黃金神社、很多樓梯，還有很美的夕陽，所以我將三者合成一個圖，到達九份已經 11:00，於是就在九份午餐、購物、散步、吃小吃，這些活動就寫在一個方框中，旁邊加上大汗淋漓的我與溫度計，表示氣溫高，非常的熱，晚上就住在離九份 5 分鐘車程的金瓜石民宿，用一間有露台的房子、高掛月亮表示夜晚了。

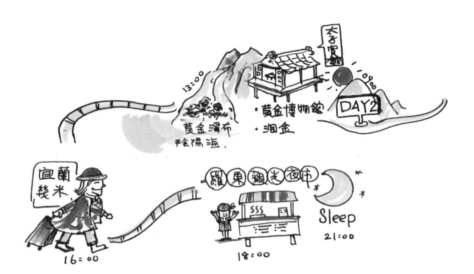

第二天，早晨太陽從山中升起，我們參觀金瓜石的黃金博物館，其中有著名的太子賓館，同時我們還體驗了掏金的活動，是在一個搭高的棚架建築中進行，所以畫了這樣的建築並寫上黃金博物館、掏金來表示，接著前往山下，看到了黃金瀑布及俗稱陰陽海的雙色海邊。

下一段行程是沿著濱海公路一路來宜蘭是16:00，宜蘭車站附近有幾米主題公園，我們就拜訪了幾米，畫出幾米「向左走向右走」旅行者的圖，晚餐 18:00 就到著名觀光夜市「羅東夜市」，用一個攤子表示夜市，晚上住在預定好的羅東民宿，那時已經是晚上 21:00 了。

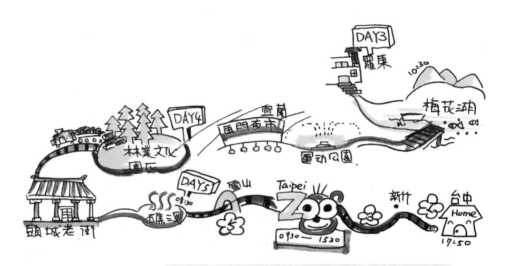

第三天，今天視覺有個進階技巧，以一個延伸的手法呈現，從民宿門口的階梯延伸變成梅花湖湖面，接著木板碼頭以線條變成羅東公園噴水池，最後再延伸接到東門夜市招牌，剛好就是我們的行程。

第四天，早上去了羅東林業文化園區，那裡存放著早期運送木頭的火車，下午拜訪頭城老街，晚上入住礁溪溫泉。林業文化園區就將火車、樹木、水池呈現出來，而火車軌道連接至頭城老街，最後的礁溪就直接以溫泉符號呈現出來。

第五天，離開礁溪，是一段道路形式穿過一個山洞，代表國道 5 雪山隧道，前往台北木柵動物園從 09:30-15:30，將動物園的英文 Zoo 與猴子結合起來設計，最後經國道 3 接國道 1，17:50 分回到台中可愛的家，結束 5 天的家族旅行。

每次看這張家庭旅行視覺筆記，心情就很好，每個景點圖像就像一個記憶勾子，將那次家庭旅行的點滴回憶一一喚醒。旅行筆記有著無限可能，應該也是最讓人喜歡、開心的視覺筆記了！

把會議記錄畫成視覺筆記

聽說開會是職場上令人深惡痛絕的事前 10 名，但是開會卻是避免不掉的工作，因為我們身在同一個公司、團隊，就有很多事必須要溝通、協調、討論，既然開會無法避免，那麼就想想如何讓開會好玩些！

其實開會記錄就有很多種可能性與需求，可以從幾個面向來思考：

人：與會者、發言順序、需不需要記錄發言人
事：程序、有無議題
地：場地、座位
時間：多長時間

所以一場會議需要思考要記錄哪些？要以什麼為主？傳統的會議記錄就是因為不管什麼通通都記，只好用文字逐字記錄，但太瑣碎，導致會議後的紀錄幾乎沒人看，只能是存檔。

這裡我們就用最常見的會議現況來做分享，這次會議與會者有三人，不重視發言順序，針對議題討論不需要詳記發言人是誰，依照議題順序逐條討論，就在咖啡廳開會，時間約 1 小時，看看我怎麼用視覺筆記做會議記錄。

我畫這張視覺筆記有幾個重點：

1. 畫出主視覺
在開會之前，就可以先畫出主題視覺，今天是品思課後會議，參與開會的人就是 Phoebe、Lotus、David 三人，所以就畫出三個人的頭像，加上一個圓形代表桌子

2. 寫上主題、日期、與會人士
我用大的英文 Meeting 表示，這是開會的視覺筆記，日期、人名就同時記錄下來。

3. 議題大綱，條列式
我將會議前的檢核項目條列出來，會議時確認工作任務是否完成。

4. 討論，結合心智圖
會議是因人而存在，人的思維本來就是經由聯想，所以想法就容易跳來跳去，心智圖結構就非常合適。

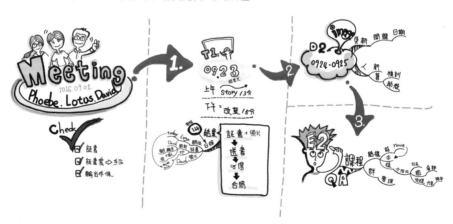

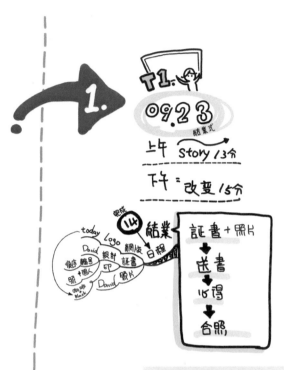

第一個議題：課程 T1 品師教學法

先確認 T1 品師教學法 09 月 23 日回訓的安排，首先是回訓的兩個分享，上午說故事，下午談改變。

接著是結訓的流程：發證書（含照片）、送書、發表心得、合照，就完成結訓了，然後便是討論工作細項與負責人，這部份以心智圖結構呈現，因為討論總是在工作間來回，因為工作細項彼此相關，同時確認完成日期在 14 日。

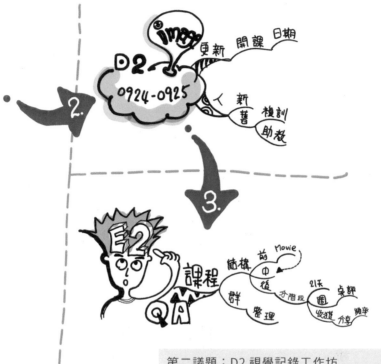

第二議題：D2 視覺記錄工作坊
確認視覺課程第七期的上課人數，助教、
學長姊複訓的報名。同時討論 12 月份開課
日期的更動。

第三議題：E2 品思博贊心智圖法
根據學長姊的回饋，進行課程前、中、後
的調整，線上、線下整合的修正。

把訪談與聊天變成視覺筆記

目前我的工作是企業講師，將我擅長的心智圖與視覺思考技術分享到企業內的學習課程中，所以我會在開始上課之前進行雙方訪談，充分了解企業夥伴為什麼要上這門課，他們有什麼期待或是目標，換句話說，課前訪談就是在了解客戶真正的需要是什麼，這也是一種會議。

就讓大家看看我怎麼一邊開會，一邊把視覺筆記完成。

會議開始前，我就用很短的 10 分鐘做好訪談的主視覺，我的概念是讓心智圖（Mind Map，MM）對企業對症下藥，這時日期、與會者都可以寫上去。

對方：我們部門每個人職責都很清楚，然後大家年資也都很資深，所以對自己工作領域都很熟悉，希望藉由這次課程除了瞭解心智圖這個工具外，更希望大家能跨出自己的工作熟悉圈，去了解其他夥伴的工作。

我：所以希望了解心智圖工具，同時讓團隊相互了解彼此的工作是嗎？

對方：是的，希望大家更知道彼此的難處與辛苦點。

我：好的。我在視覺筆記上 WHAT（為什麼）寫上對方上課目的，從了解心智圖基本觀念開始，掌握思維系統，然後了解夥伴工作，最後由個人統整到整個團隊的工作中，讓大家都看見整體性並看清。

對方：當大家更了解現況後，期待可以站上更高的位置，心智圖可以做到嗎？

我：可以，好的，我會將這部分也放進課程中。視覺筆記我便記錄一個人往上看，表示理解主管的角度。

對方：最後，我們想要做一個團隊多角度溝通。

我：好，這個部分，我們可以結合六帽思考法進行，打開夥伴的思考角度，但我們需要個議題來練習。

對方：那我們用獎金新制來練習可以嗎？

我：記錄下，OK

這一小時的課前訪談，訪談結束，我的教學重點也記錄完成，同時整個教學流程也架構好了。更有意思的是，客戶看見我這樣的筆記，覺得非常有趣，而且覺得很清楚。

把電影筆記變成視覺筆記

你喜歡看電影嗎？

我猜你喜歡，不是因為我也喜歡，而是看電影就像經歷一個故事，幾乎每個人都喜歡聽故事，電影是一個個的故事，講訴著種種人、事、物，看完一部好電影，有一群好友可以分享感受、心得，對我而言是一件令人開心的事。

電影就是用故事傳播意義

我在大學裡最喜歡教的一門課就是「傳播符號學」，因為這門課就是討論設計中如何編碼、傳遞、解碼，其中符號、文化、媒體等都是這門課程要討論的，所以其中部分單元我們會一起看電影，然後解構電影的文化符碼，討論電影想告訴閱聽眾什麼事，用什麼樣的方式來說。

後面這張視覺筆記就是邊看電影「大腕」邊繪製的。

首先，大腕這部片是一位攝影師（葛優飾）記錄世界知名導演作為開端，所以主視覺就以肩扛攝影機的葛優為開始，再寫上標題「大腕」，因為是攝影師，所以加上黑白相間的線條，結合打板的意象，再加上日期、課名。

這部電影要跟學生討論「操弄符號、媒體效應、名牌光環」這三面向，所以用清單形式呈現。

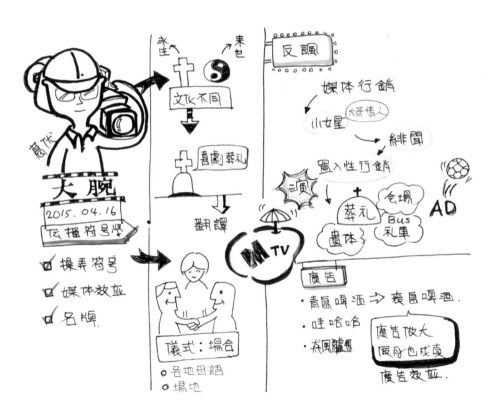

電影一開始就討論到「葬禮」，東方講因果談來世，西方則追求永生；中國若是 80 高壽往生，葬禮就由喪事變成喜事，稱為喜喪，於是在向國際導演翻譯上出現「喜劇葬禮」這樣的名詞。我使用符號來表示文化差異，十字架的西方、太極的東方，再用箭頭連接「喜劇葬禮」

另一段，我覺得有意思的事關於「儀式」，電影劇情是這樣的，國際導演突然昏倒，經醫生判斷可能不久人事了，於是葛優就帶著導演的助理去找他的朋友，劇中便有了一場國際會談，明明雙方都能說中文、英文，但硬要找一位翻譯人員居中翻譯，我覺得這點很值得討論，便將他記錄下來。

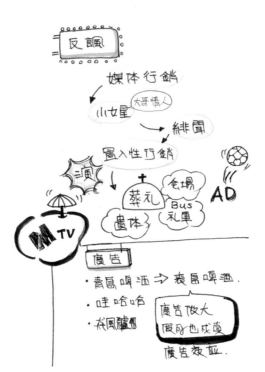

劇情因為國際名導演可能辭世，於是葛優他們便開始創造一場「葬禮」，因為需要籌措喪葬費用，便開始募資、招廣告、置入行銷等等，對廣告充滿反諷意味，其中有拿 MTV 談到版權的事，所以我將 MTV 作為過場的圖像。

我用概念圖記錄劇中一個小故事，一位小明星，她是大哥的女人，向趁機而紅，於是想塑造一個緋聞（以國際導演生前的情人）出現在葬禮現場；最誇張到葬禮就成了一個置入行銷大會，從大禮車各處到葬禮會場、遺體穿著打扮都是廣告，這讓我聯想到世足杯的廣告，所以加上一個足球寫上 AD.（廣告的縮寫）

同時，我記錄了劇中這些廣告山寨商品的命名，如「青島啤酒」變成「喪島啤酒」、「娃哈哈」變成「哇哈哈」、飆馬（PUMA）變成飆驢等⋯令人噴飯的品牌名，其中有些對話談到仿冒，因為這課程開在設計系，所以我記下「廣告做大，假的也成真」關鍵字。

把教學規劃變成視覺筆記

到目前為止，我做最久的工作就是在大學教書，這個講師工作一當就是 14 年，每學期剛開始學生們就會來問我：「老師這門課需要哪本書呢？」

我會說：沒有上課教科書喔！，大一新生們一聽聽常的反應是很開心，因為不用買教科書；但二三年級的老生們就知道的，因為我的課程都是融合很多相關資料，沒有一本教科書，但是有很多的參考書單。

從我大量使用心智圖與視覺筆記後，我做了很多類似這樣的教學規劃筆記，我將心智圖與視覺整合起來使用，這裡分享我開設的「傳播符號學」第一堂視覺規劃課程的備課步驟：

1. 為什麼需要教這個給學生？

2. 包含哪些概念？

3. 彼此間的關係為何？

4. 延伸或重點

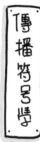

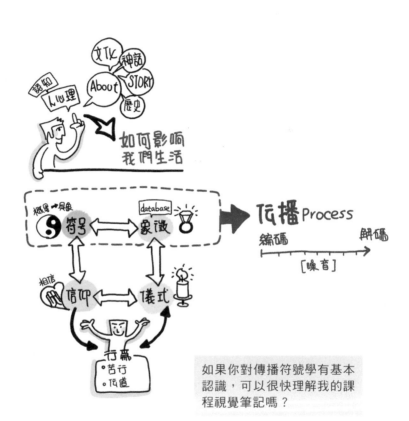

如果你對傳播符號學有基本認識，可以很快理解我的課程視覺筆記嗎？

用時鐘＋心智圖做計畫視覺筆記

另一種我常用的方式則是以時間為基礎，例如這次我去某個機構做講座分享心智圖，時間就只有 2 小時，所以視覺主圖我就畫了 2h，並在周圍畫一個半圓，標上刻度 1-120，這就是我能用的時間。

然後我便從時間上開始規劃我的課程：

0-10 分：開場，做國際案例分享，引起學習動機
10-30 分：做心智圖的自我介紹
30-50 分：建立心智圖基礎知識
50-60 分：下課休息 10 分鐘，交換名片
60-80 分：分享用心智圖做代辦事項
90-110 分：應用案例分享
110-120：就是心得分享＋拍照

各位你看，這樣的教學視覺規劃，就能將單元與時間整合在一起，整個教學結構、時間安排一目了然，連下課時間可以做什麼都安排好了。

把心情筆記畫成視覺筆記

你今天開心嗎？有什麼感覺？我知道這問題對男生來說是有難度的，但很多女生會寫下心情日記或是畫上小圖的心情筆記，於是女生就比男生心理健康、比較長壽，這個心情筆記其實就是向女生們學習，清楚自己的「感覺」很重要，看到自己的感覺，因為看見而放心，用視覺筆記記錄自己心情、心境是非常有趣的筆記喔！

那要怎麼做呢？還記得我們在第 2 章分享的情境圖嗎？心情視覺筆記就很適合使用情境圖來設計，他是由這三個元素構成的：「場景＋主角＋事件」。給自己一個環境，然後想像一下自己的狀態，是什麼事讓你有這心情。

分享一個我的心情筆記給大家，這張視覺筆記是我買 iPad pro 當天的心情，因為是寄到家裡，所以場景就是在家裡，這個我就省略沒畫上去。

還記得當天我買的 i Pad pro 寄到家裡，心情非常開心，是怎樣的開心呢？很像個孩子一樣手舞足蹈，而且心花朵朵開。所以我畫上我自己開心的跳舞的樣子，臉上掛著大大的微笑，在胸口畫著愛心，有朵朵小花從心中飛出來。

這是我的 i Pad pro，我就想它可以幫我做些什麼呢？我可以用在哪些地方呢？我想這麼大的螢幕，看電影一定很棒，當然還有做視覺筆記，獲釋玩遊戲，還有它聽音樂也很合適。我

就寫上 David's iPad 運用箭頭連結到 4 個應用面向，Movie、Drawing、Game、Music。

最後，我買 iPad pro 主要是工作上的需要，視覺之路，從視覺記錄到視覺引導，然後是視覺創新，這都是我希望藉由視覺來幫忙的。畫一條路由自己延伸出去，寫上 Visual Path，還將 L 變成一支畫筆，然後寫上我三階段的目標。這樣，這張視覺心情筆記就完成了。

希望透過這張心情筆記的分享，能夠讓你也享受視覺心情筆記的樂趣，不只是在文字中畫上小小圖，而是更大膽的將圖、色彩呈現出來。

Part 6

你想像不到的
視覺筆記實況！

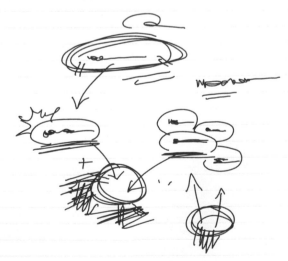

動手試，懂得玩，讓生活不一樣！

視覺筆記，讓工作有效率又不無聊

工作是佔據我們一輩子 1/3 以上時間的活動，但是，我們經常會被現實的壓力、呆板、重複給磨去熱情，慢慢的我們就開始天天期待假日的到來，而惡性循環，工作時更加覺得沒有樂趣。

所以，是我們該在呆板中自找樂趣的時候了！下面我們看看這些朋友，真的用視覺筆記讓工作不無聊，甚至讓枯燥變有趣，工作更有效率、更開心、更有自信，各位想像一下，這樣的工作狀態真的是很棒的，你說是吧？

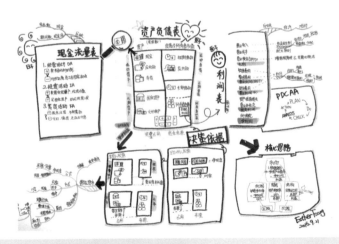

讓邏輯更清楚的財務筆記
作者：Esther
簡介：理財有很重要的幾張表單工具：現金流量表、資產負債表、損益表，Esther 使用視覺筆記將這幾張財務表單工具進行邏輯上的整理，聽說大家看了這張視覺筆記，都覺得邏輯上清楚很多。在工作上邏輯清楚了，工作效率自然就提高，團隊分工合作就水到渠成。

產品的聯想
作者：Yoyo
簡介：我們都期望產品更進步、更好，但要如何創造出自家產品的創意競爭力呢？這張視覺筆記提供了作者與朋友討論想到的 4 個步驟，幫助自己的產品更有競爭力，這張筆記不僅有助溝通，而且討論時也更有趣。

專案提案
作者：David
簡介：提案是將規劃好的企劃進行報告的一種方式，但是提案只能用文字嗎？只能用 PPT 來進行嗎？只能一個重點、一個重點說明嗎？不！不！不！這是我使用視覺＋心智圖的架構進行提案說明，印象非常深刻的是，當我 3 分鐘介紹完畢，現場響起如雷的掌聲，很多在場夥伴立刻表示，這樣提案真是有趣又清楚，全部面向都可以同時看見，這太重要了，因為思考需要資訊全面一起考慮。

討論引導地圖
作者：David
簡介：團體討論是現在企業非常重視且重要的一件事，大家針對主題交換意見，凝聚大家的共識，但是該怎麼進行呢？這時就可以使用視覺化技術進行協助引導討論的進行。這張視覺是以一個旅行概念，從過往一直到現在，然後如何迎接未來，以視覺化技術給予每個討論議題一個有隱喻的圖像，並將整個過程串接成一個完整的故事脈絡。不管是討論成員或帶領者，都能依照這個視覺模版協助討論的進行。

一天的工作日記
作者：張敏
簡介：誰說寫日記只能用文字記錄的方法？把你的工作日記變成視覺筆記，這樣每天回顧時，也會充滿了動力與創意。

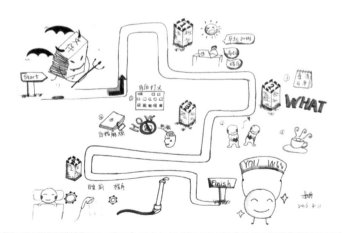

改變自己習慣的計畫
作者：張月
簡介：或者你想擬定一份改變自己的計劃，也不一定只能列成枯燥的文字清單，如果用視覺筆記畫出改變自己的想法，把自己的計劃變成圖像，這樣是不是看起來更有激勵自己的動力？

視覺筆記，讓生活更有趣有創意

你的昨天與今天過得一樣嗎？
你會覺得每天都是同樣的生活步調嗎？
對明天沒什麼期待，更別說興奮了嗎？

在現今社會的職場工作者都有著相同的情況，每天都像是一個迴
圈般重複著，我們的生活不該一陳不變，我們也需要找方法跳出
這個重複的迴圈，生活需要一點情調、一點點調味，視覺就是很
適合的小小調味品，讓你的生活中增添一點魔法，在筆記中加一
點小圖、繫上你的心情，在塗抹中，你的每一天將有不一樣感受。

上海美食之旅
作者：趙宏
簡介：一天的上海時光，就來趟美食旅程，這篇視覺筆記記錄著趙宏一早起床尋找美
食蛋糕的故事，以時間軸為主，加上空間的地圖與地鐵站名呈現位置。

我家附近挖馬路

作者：趙宏

簡介：你遇過因為挖馬路而封路，不得不改道的經驗嗎？我相信我們都遇到過；但你一定沒這樣將這樣的景況記錄下的經驗，左邊是封路的第一天（過去），右邊是半年後（未來），在視覺心理學中左邊代表過去、右邊則是未來，趙宏在視覺筆記左邊設計了很多有趣的對話，讓這段陣痛期也變得有趣。

上課學習筆記

作者：如鈺

簡介：做視覺筆記一定要彩色的嗎？單色可以嗎？當然可以，這樣一張藍色視覺筆記依然可以很精采。

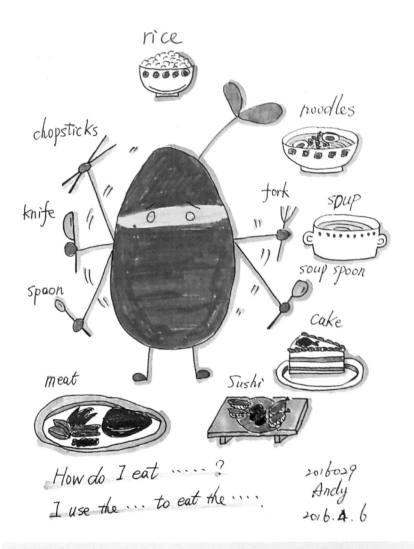

How do I eat ……?
I use the …. to eat the …..

2016029
Andy
2016. 4. 6

英語句型使用
作者：李智 Andy
簡介：英語學習學好一個句型，就能夠延伸運用在更多的物品上，做這樣的視覺筆記
讓這個句型的運用變有趣了，盡情的排列組合用各種餐具吃你想吃的食物。
How do I eat _____?
I use the _____ to eat the _____.

旅行筆記
作者：David
簡介：我非常喜歡旅行，對我來說旅行是一種吸收，看見不同的文化、不同民情的人事物就有一種精神上的滿足感。我每次都想著要如何將這難忘的記憶記下來，有時候就會完成像這樣一幅超長的旅行視覺記錄。

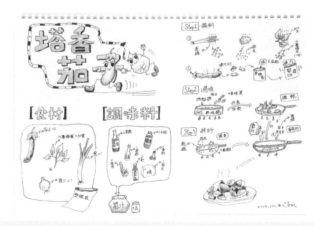

食譜的視覺筆記
作者：Tom
簡介：做菜就像一場精彩的魔法實驗，開始之前要準備好各種魔法元素：食材與調料，然後開始依照施法步驟，每一個步驟都很重要，加一點這個、加一點那個，注意火侯，控制時間，哇啦！一道香氣撲鼻得塔香茄就出現了，這張視覺筆記重現了這場精彩的魔法。

全新職業：視覺記錄師

「視覺化技術」這幾年是非常熱門的議題，從 TED 到企業課程都能見它的蹤影，書裡也出現越來越多這樣的視覺化作品，如果你去一場國際會議，你可能有機會看見這的一群人：

在教室後面或旁邊
腰上掛著一個腰包
手上拿著很多隻麥克筆
這些人面對一大張白紙
在會議進行同時，不時的在上面塗塗抹抹
畫出很多圖像與重點文字
最後作品會讓你忍不住多看幾眼，這就是視覺記錄！

而玩這個的一群人有個新的職稱：「視覺記錄師」。

視覺記錄師就是將現場的資訊以視覺技術記錄下來，讓在現場的每個人能藉由這張視覺記錄達成，記憶、理解、建立共識、加深印象。

本書教你的視覺語法、圖像思考、視覺模板，其實就是我身為「視覺紀錄師」的拿手絕活，而且我認為「視覺記錄」不是只有特殊工作用得上，更可以變成我們每一個人在「做筆記」、「做記錄」、「動腦思考」時一個很棒的輔助。

最後分享個小故事，作為本書的結尾。

有個人在水邊討生活，有一天它發現水里有黃金閃爍的光影，於是便潛到水底去尋找，東摸西尋就是找不到他要的黃金，於是便上岸休息，過不了多久，他又再次看見黃金閃爍的光芒，於是又再次跳下水去，仔細重複搜尋數次，弄得自己疲勞不已，依然沒發現他渴望的金子。

此時，剛好有朋友來看他，見他如此，仔細看過後才發現到「水里閃爍的光芒只是倒影，真正的黃金其實是在岸上」，這才真正找到黃金。

我為什麼要說這個故事呢？因為我發現很多人看視覺記錄作品，第一句多半是說：「哇！畫得好棒喔，好會畫圖！」，畫出美圖固然賞心悅目，但這卻是黃金的水中倒影罷了，因為你不是為創作藝術而來。

那麼真正的黃金在哪裡呢？

現在我猜你一定知道，真正的黃金其實是你的思維，是如何運用視覺技術將你的想法視覺化，能透過視覺筆記「看見」思考的路徑與推演過程。

祝福大家讓視覺筆記帶給你更美好、愉快的生活與工作。

歡迎上網與我交流
Facebook：盧慈偉
微信：davidlu22

【View職場力】
2AB936

畫張圖想得更清楚！
任何人都能學會的視覺筆記術

作　　　者　盧慈偉
責 任 編 輯　黃鐘毅
版 面 構 成　走路花工作室
封 面 設 計　走路花工作室
行 銷 企 劃　辛政遠
總 編 輯　姚蜀芸
副 社 長　黃錫鉉
總 經 理　吳濱伶
發 行 人　何飛鵬
出　　版　創意市集
發　　行　城邦文化事業股份有限公司
　　　　　歡迎光臨城邦讀書花園 網址：www.cite.com.tw
香港發行所　城邦（香港）出版集團有限公司
　　　　　香港灣仔駱克道193號東超商業中心1樓
　　　　　電話：(852) 25086231 傳真：(852) 25789337
　　　　　E-mail：hkcite@biznetvigator.com
馬新發行所　城邦（馬新）出版集團【Cite(M)Sdn. Bhd】
　　　　　41, Jalan Radin Anum, Bandar Baru Sri Petaling,
　　　　　57000 Kuala Lumpur, Malaysia.
　　　　　電話：(603) 90563833 傳真：(603) 90562833
　　　　　E-mail：cite@cite.com.my

印　　刷　凱林彩印股份有限公司
2023年(民112) 5月 初版 7 刷 Printed in Taiwan.
定　　價　340元

國家圖書館出版品預行編目資料

畫張圖想得更清楚！任何人都能學會的視覺筆記術 / 盧慈偉 著.
--初版--臺北市；創意市集出版
；城邦文化發行, 民105.10
　面； 公分

ISBN 978-986-93771-0-2（平裝）

1.筆記法 2.圖表
494.4　　　　　　　　　105018660

如何與我們聯絡：
1. 若您需要劃撥購書，請利用以下郵撥帳號：
郵撥帳號：19863813　戶名：書虫股份有限公司

2. 若書籍外觀有破損、缺頁、裝釘錯誤等不完整現象，想要換書、退書，或您有大量購書的需求服務，都請與客服中心聯繫。
客戶服務中心
地　　址：10483 台北市中山區民生東路二段141號B1
服務電話：（02）2500-7718、（02）2500-7719
服務時間：週一至週五 9：30～18：00
24小時傳真專線：（02）2500-1990～3
E-mail：service@readingclub.com.tw

3. 詢問書籍問題前，請註明您所購買的書名及書號，以及在哪一頁有問題，以便我們能加快處理速度為您服務。

※ 我們的回答範圍，恕僅限書籍本身問題及內容撰寫不清楚的地方，關於軟體、硬體本身的問題及衍生的操作狀況，請向原廠商洽詢處理。

※廠商合作、作者投稿、讀者意見回饋，請至：
FB粉絲團：http://www.facebook.com/InnoFair
Email信箱：ifbook@hmg.com.tw